novum **pro**

**SANDRA
KIEL**

HINTER JEDEM SCHATTEN IST LICHT

MEINE JAHRE ALS ÄRZTIN IN AFRIKA

novum pro

www.novumverlag.com

Bibliografische Information
der Deutschen Nationalbibliothek:

Die Deutsche Nationalbibliothek
verzeichnet diese Publikation in
der Deutschen Nationalbibliografie.
Detaillierte bibliografische Daten
sind im Internet über
http://www.d-nb.de abrufbar.

Alle Rechte der Verbreitung,
auch durch Film, Funk und Fernsehen,
fotomechanische Wiedergabe,
Tonträger, elektronische Datenträger
und auszugsweisen Nachdruck,
sind vorbehalten

Gedruckt in der Europäischen Union
auf umweltfreundlichem, chlor- und
säurefrei gebleichtem Papier.

© 2023 novum Verlag

ISBN 978-3-99131-837-8
Lektorat: Birgit Himmüller
Umschlagfoto: Sandra Kiel
Umschlaggestaltung,
Layout & Satz: novum Verlag

www.novumverlag.com

Inhaltsverzeichnis

Vorwort 7
1. Josy 9
2. Wo ist eigentlich Namibia? 13
3. Leben in der Kalahari 15
4. Das zu große Herz 27
5. Krebs hat viele Gesichter 29
6. Erste große Liebe 35
7. Vom Verlassenwerden 40
8. Das Fremde vertrauensvoll annehmen 43
9. Vom Heilwerden 49
10. Versöhnung 56
11. Abschied 64
12. Leben im Jetzt 67
13. Unverständnis 71
14. Grenzen der Belastbarkeit 75
15. Ich hatte eine Farm in Afrika 85
16. Würde 88
17. Wunder 96
18. Leider weiter 99
Danksagung 103
Friedensgebet 104
Quellen 105
Buchempfehlungen 106

Meiner Schwester, die Königin

Vorwort

„Von den Vorstellungen nimmt die Seele ihre Farbe an"[1]
Marc Aurel

Wie die meisten Leben ging auch mein Leben bisher über viele Hürden und oft hatte ich das Gefühl, es meinem Sternbild Krebs gleichzutun, die berühmten zwei Schritte vor und einen zurück. Und doch sehe ich jetzt in meinem Leben all die wundervollen Dinge, die ich lernen durfte, die mich dahin geführt haben, wo ich heute stehe. Als Ärztin musste ich meine Patienten durch schlimmste Zeiten begleiten und ihnen beistehen, um dann zu erkennen, wie viel wir voneinander lernen durften. Die Erkenntnis, dass wir alle eins sind, wurde durch endlose Gespräche und Teilen des Leides gestärkt. Der lang gehegte Wunsch, ein Buch zu schreiben und dadurch mehr Menschen zu erreichen, als ich es persönlich je würde schaffen können, wurde mehr und mehr bestärkt durch die tiefste Dankbarkeit für all die Menschen, die in vollstem Vertrauen mir ihr Leid mitteilten und mir damit klar machten, dass es nicht das Leid selbst und unsere Erfahrungen sind, die uns zu

---

1 Quelle: Marc Aurel "Selbstbetrachtungen" Seite 63, Anaconda Verlag 2018

dem machen, was wir sind, sondern die Art, wie wir die Dinge sehen und aufnehmen (im Engl. perception). Also, dass nicht das Leid uns leiden lässt, sondern das, was wir daraus machen. Ich wünsche mir aus ganzem Herzen, dass diese Zeilen an Sie Ihr Leben bereichern, Sie lachen und stellenweise auch weinen lassen und vor allem Sie erkennen lassen, dass, wenn wir einander vertrauen, in der Gewissheit, alle miteinander verbunden zu sein, die Welt zu einer besseren wird. Wenn Sie also nun dieses Buch in den Händen halten, weiß ich, dass mein Traum in Erfüllung geht und danke Ihnen aus ganzem Herzen.

Ihre Sandra Kiel

1. Josy

"Nur ein Herz, dem der Tod nichts Unbekanntes ist, kann das Geschenk des Lebens mit einem so tiefen Gefühl der Freude würdigen."[2]
Bruder David Steindl-Rast

Josy war blind. Von Geburt an. Er hatte keine Augen mit ins Leben bekommen. Aber er hatte das unglaublichste Lächeln als Geschenk an andere mitbekommen. Wenn er mit einem sprach und einen dann einfach so aus seinem Innersten anlächelte, konnte man die afrikanische, wärmende Sonne spüren, den Wind über den Steppen, das Lachen von spielenden Kindern und seine Liebe zu den Menschen. Ganz besonders die Liebe zu seiner Mutter, dabei war sein größter Kummer, sie an seinem Leid teilhaben lassen zu müssen. Josy war an einem seltenen Tumor (blue cell tumor, eine Art Knochenkrebs) erkrankt, der, angefangen an einer kleinen Stelle an seinem rechten Arm, allmählich von seiner Schulter und seinem Brustkorb Besitz ergriff. Er war aus dem Norden des Landes, aufgewachsen wie so viele Kinder inmitten von Staub und Trockenheit, scharfen

---

[2] mündliches Zitat aus dem Kurs Klosterheilkunde im Kloster Gut Aich

Gerüchen des Lebens, hineingeboren in eine kinderreiche Familie, gewohnt, alles zu teilen und nichts wirklich sein eigen nennen zu können. Eingebunden in den natürlichen Kreislauf des Lebens, geboren werden in einem harten Umfeld, dem das Überleben ohne große Dramatik als Merkmal anhaftete, um dann wieder gehen zu müssen, all das verlieh Josy eine unglaubliche Ruhe. Nicht erklärbar für mich waren allerdings diese unglaubliche Kraft und das Vertrauen, sein Schicksal ohne Wenn und Aber anzunehmen. Seine Mutter, aufgelöst in der Sorge um ihren Sohn, durchlief all die Stadien, die die Konfrontation mit einer unheilbaren Krankheit beeinhalten. Ihr Hadern mit dem Schicksal und dem Leid ihres Sohnes versuchte eben dieser mit einer grenzenlosen Geduld abzufangen. Josy durchlief all die Behandlungen mit einer Gelassenheit, die mich als seine behandelnde Ärztin immer wieder mit mir selbst konfrontierte und an meine Grenzen führte. Gewohnt an extreme Gemütsschwankungen meiner Patienten, grenzenlose Angst, Wut, Verzweiflung und Ohnmacht, die ich mitzutragen und zu erarbeiten gewohnt war, blieb mir selbst nur noch Bewunderung, Liebe und ruhiger Beistand. Hinzu kam allerdings ein Ohnmachtsgefühl meinerseits, das ich zwar schon kannte und von dem ich auch wusste, es ganz besonders bei meinen Krebskindern zu empfinden, aber Josys unglaubliche mir entgegengebrachte Dankbarkeit, dass ich mich um ihn kümmerte und ihm zuhörte, brach mir fast das Herz. Das, was den Arztberuf unter anderem auszeichnet, nämlich etwas tun zu können, wo der Patient es nicht kann und auf meine Hilfe und Wissen angewiesen ist, nun genau das wurde weniger und weniger, um dann am Ende zu bloßem Dasein, Beistand und Symptombehandlung reduziert zu werden. Ich werde genau auf diesen Punkt in meinem Buch noch öfters zurückkommen, da dieser Moment, diese Wende, ein ganz entscheidender Teil in der Beziehung zwischen Patient und Arzt ist. Er ertrug all die Nebenwirkungen der Behandlungen, hörte geduldig meinen Erklärungen zu, stimmte dem Behandlungsplan mit ruhigen Nachfragen zu und … lächelte. Als zur Schmerzkontrolle sein rechter Arm amputiert werden musste, tröstete er seine Mutter. Da er wegen des ausgedehnten Behandlungsprogramms auf der Station im Krankenhaus aufgenommen wurde, war er wegen seiner Blindheit angewiesen auf das Hilfspersonal des Krankenhauses, um ihn in die Ambulanz zu bringen. Aber auch dort wie in so vielen Bereichen, herrschte Personalmangel, sodass er an einem Tag im Trubel quasi vergessen wurde. Er hatte es irgendwie geschafft, zum Aufzug zu kommen und sich dann davor mit seinem Infusionsbeutel in der Hand auf den Boden gesetzt. Gewohnt an seine Zuverlässigkeit war ich auf die Suche nach ihm gegangen und fand ihn dort vor. Ich kniete mich zu ihm auf den Boden und fragte ihn, was er da mache, woraufhin er mir sein wundervolles Lächeln schenkte und mir erklärte, er habe gewusst, ich würde kommen, um ihn zu holen. Für eine mögliche Heilung eines bösartigen Tumors, ist die Früherkennung die wichtigste Voraussetzugng. Josy befand sich leider schon in einem sehr fortgeschrittenen Stadium seiner Erkrankung als er zu uns kam. Mit vielen Gesprächen und gemeinsamen Gebeten schafften wir es zusammen, Josy, seine Familie und ich, das unweigerliche Fortschreiten seiner Erkrankung anzunehmen.

Er starb an einem Freitagnachmittag, nachdem er sich von mir verabschiedet hatte, sich für all meine Zuwendung bedankt und mir erklärt hatte, er habe keine Angst zu gehen, nur vor den Schmerzen habe er Angst, welche ich versprach, ihm zu nehmen. Unter Schmerzbehandlung schlief er friedlich ein. Sein unglaubliches Vertrauen und seine Dankbarkeit werden mich immer begleiten und auch jetzt in diesem Moment, in dem ich diese Zeilen schreibe, empfinde ich tiefe Trauer, aber bin auch ganz erfüllt von Liebe und Dankbarkeit, dies erlebt haben zu dürfen. Geschichten von Zuwendung und geteiltem Leid sollten in den kommenden Jahren als Krebsärztin in Afrika meine ständigen Begleiter werden.

2. Wo ist eigentlich Namibia?

Weder Geschichte noch Erdkunde waren nur annähernd meine Lieblingsfächer und so war es auch nicht verwunderlich, dass ich erst mal meinen alten Diercke Weltatlas herauskramte, als mein Onkel seine Familie zu einem Urlaub nach Namibia einlud. Zu dieser Zeit lebte ich in Freiburg mit meinem Sohn als alleinerziehende Medizinstudentin. Der Wunsch, Ärztin zu werden, war schon immer da. Ich kann nicht sagen, wann mir klar war, dass dies mein Beruf sein würde, es war eher so, wie man weiß, dass am nächsten Morgen die Sonne wieder aufgeht. Der Weg dorthin allerdings war beschwerlich. Die Vorklinik mit ihren naturwissenschaftlichen Fächern hatte mir sehr zu schaffen gemacht. Und als meine große Liebe zu einem Mitstudenten kurz nach der Geburt unseres Sohns Fabian zerbrach, entschloss ich mich an die Universität Freiburg zu wechseln. Als ich mich dann nach einer Eingewöhnungszeit etwas eckig vorbereitet an das Staatsexamen wagte und prompt durchfiel, tröstete mich mein dreijähriger Sohn, nachdem ich ihm zur Erklärung meiner Traurigkeit den Vergleich mit einem extra aufwendig gebauten und hohen Legoturm, der kurz vor dem Vollenden zusammenbricht, lieferte, mit den Worten, ich hätte dann wohl den Turm zu hoch gebaut. Und so war es sicherlich all die Jahre schwierig, mit Kind zu studieren, aber ich weiß auch, dass mein Sohn mir immer die richtige Relation zum Leben und was darin wirklich zählt, ermöglicht hat, sodass er für immer meine größte Motivation und Wichtigkeit war und sein wird. So machte ich mich also mit meinem fünfjährigen Sohn und mulmigem Grundgefühl im Gepäck auf in das weite, fremde Afrika. Ich kann nicht sagen, dass ich das Land sah und mich sofort das Afrikafieber packte, es war eher eine hart erarbeitete, hürdenhafte Liebe, die sich in mein Herz schlich und dort auch für immer bleiben wird. In unseren Reiseleiter Erich, ein guter Freund meines Onkels, allerdings verliebte ich mich vom ersten Moment an mit der mir bekannten inneren Stimme, die mir verriet, dass ich diesen Mann heiraten würde.

3. Leben in der Kalahari

Bis dahin war es allerdings noch ein recht holpriger Weg, zum einen war meine Familie hellauf entsetzt, zum anderen bedeutete dies, recht weite Wege zurückzulegen und Hürden aus dem Weg zu räumen. Meine Tante warf mich aus ihrem Herzen. Und meine Schwester erlebte das alte Loslasstrauma unserer Familie von Neuem. Dem fremden, harten Land mit seinen für mich total neuen Gefahren Respekt zollend, entschloss ich mich also erst mal zu einem Probejahr auf der Farm. Rückblickend war dies sicherlich das unbeschwerteste Jahr meines Erwachsenenlebens. Als in Friedenszeiten aufgewachsener Europäer in Afrika ist die größte Hürde, die Tonnen von kleinen und großen Alltagsängsten zu überwinden, um dann irgendwann zu der Erkenntnis zu gelangen, dass es auch für uns „Vollkasko-Deutschen" absolut keine Sicherheit gibt. Angefangen mit den alltäglichen vermeintlichen Selbstverständlichkeiten wie fließendes Wasser, Strom und die Nähe zu anderen Menschen, mit den üblichen Einrichtungen wie Notfallambulanzen, Apotheken und einer Polizei. Die nächste Siedlung war achtzig Kilometer entfernt und auch nicht wirklich unseren Maßstäben entsprechend. Ich hatte schon den Segen meines Glaubens (im Sinne absoluten Vertrauens) erwähnt, wurde dieser allerdings jetzt auf eine harte Probe gestellt. Unser Strom wurde von einem Generator erzeugt, dieser musste dann abends im zweihundert Meter entfernten Motorhaus abgestellt werden, das hieß aber auch, den Weg zurück im Dunkeln zurückzulegen. Den afrikanischen Sternenhimmel zu erleben, ist sicher eines der schönsten Dinge, die man sich vorstellen kann, absolute Stille, Dunkelheit und Millionen funkelnder Sternen, die einem auf wundervolle, allmächtige Weise klar machen, wie klein man selbst auf dieser Welt ist. Erst ist da noch die Angst und dann stellt sich mit unglaublicher Ruhe die Erkenntnis ein, wie heilend es ist, sich nicht so wichtig zu nehmen, sich ganz Gott zu überlassen, im Vertrauen auf seine Ordnung. Kam ich dann allerdings ins Haus, um dann beim Blick in den Spiegel zu sehen, dass sich irgendwelche Insekten auf mir den Weg ins Haus erschlichen hatten, war der erleuchtende Moment meist recht schnell vorbei. Verirrte Vogelspinnen oder schwarze Mambas im Haus waren keine Seltenheit, wurden aber mit erlerntem, achtsamem Umgang nie wirklich zur Gefahr. Meine größte Lehrmeisterin in der afrikanischen Natur war die Mutter von Erich. Sie lebte nach ihrer zweiten Scheidung von demselben Mann, mit dem sie sechs Kinder hatte, seit vierzig Jahren alleine auf ihrer Farm. Unter ihrer sonnengegerbten, mit tiefen Falten durchzogenen Haut konnte man noch wunderbar erkennen, dass sie einst eine bildschöne Frau gewesen war. Sie war sicher die mutigste Frau, die ich in meinem Leben kennenlernen durfte. Sie wurde neunzehnhundertsechzehn als eine von vier wunderschönen Töchtern deutscher Einwanderer in Namibia geboren. Die Entfernung ihrer Farm zur

Stadt Windhoek betrug karstige, steinige und bergige zweihundert Kilometer, die ihre Mutter kurz vor der Niederkunft stehend, auf dem Rücken eines Esels in Begleitung eines Farmangestellten in mehreren Tagen zurücklegte. Nach der Geburt machte sie sich dann auf den Rückweg, der Angestellte balancierte das Neugeborene in einer Box auf seinem Kopf und sie sich selbst auf dem Rücken des Esels. Dieses harte Leben meisternd, obwohl sie selbst in wohlsituierten Verhältnissen in Deutschland großgeworden war und aus Abenteuerlust dem Frauengesuch-Aufruf der deutschen Schutztruppler (in der Kolonie Deutsch-Südwestafrika eingesetzte Kolonialtruppe) gefolgt war. So aufgewachsen lernte meine Schwiegermutter mit den harten Bedingungen einer Farm umzugehen. In Ermangelung eines Sohnes lehrte ihr Vater sie schon sehr früh die Karakulschafzucht, ein hartes Geschäft, wenn man weiß, dass zur Erlangung des weichen Fells mit der für Persianerjacken und Mäntel so typischen feinen Locke ausschließlich nur einen Tag alte Lämmer verwendet werden. Ihr Vater war einer der Pioniere in diesem Geschäft, unschwer vorzustellen, dass dies auch nur mit entsprechender Härte durchzuführen war, so wurde auch von ihr erwartet, ihre Gefühle hintenan zu stellen. Bergige Landschaften bedeuten in Afrika auch immer die Gefahr frei umherziehender Leoparden, ganz besonders, wenn durch die Tierzucht auch immer ein gedeckter Tisch auf die Raubkatzen wartet. So lernte sie schon früh mit dem Gewehr umzugehen und ich habe noch die tollsten Fotos von ihr bewundern dürfen, wie sie als wunderschöne, zierliche Person in Reiterhosen neben einem erlegten Leoparden kniend in die Kamera lächelt. Sie lernte ihren Mann, ebenfalls in zweiter Generation in Namibia geboren, als Besucher auf ihrer Farm kennen und dann auch recht schnell lieben, sie heirateten in Windhoek, dort kamen dann auch recht zügig wiederum vier Töchter zur Welt. War er sich allerdings weit mehr seiner eigenen Geselligkeit als seiner Verantwortung als Familienvater bewusst, führte dies zu ihrer Entscheidung, sich von ihm scheiden zu lassen, ein für damalige Verhältnisse und ganz besonders in diesem Land extrem mutiger Beschluss. Wahre Liebe war und ist auch heute noch nicht einfach zu verleugnen und so heirateten sie nach kurzer Pause erneut, worauf kurze Zeit später dann auch der lang ersehnte Sohn und Stammhalter geboren wurde. Dieses wundervolle Ereignis nahm ihr Mann allerdings zum Anlass, zwei Wochen ohne Unterlass mit Freunden zu feiern, ohne seine Frau besucht oder seinen Sohn überhaupt mit eigenen Augen gesehen zu haben. Nur elf Monate später dann die Geburt des zweiten Sohnes und kurz darauf dann ihr endgültiger Beschluss, sich nun für immer zu scheiden und somit sechs Kinder alleine zu versorgen. Der landesüblichen Tradition, die langen Schulferien in Swakopmund an der Küste zu verbringen, folgend, packte sie ihre Kinder kurzerhand in den Bout ihres alten Landrovers und ab ging es an die vierhundert Kilometer entfernte Küste. So schaffte sie es mit ihrem Lebensmut sechs wundervolle Kinder großzuziehen. Nachdem dann auch der jüngste Sohn die Schule abgeschlossen hatte, zog sie im Alter von fünfzig Jahren alleine auf eine Farm ihres Vaters, um sich ganz der Rinderzucht und dem Farmleben zu widmen. Sie hatte unzählige Erlebnisgeschichten zu erzählen. Oft saßen Fabian und ich an langen Winterabenden in ihrem Farmhaus, um ihren lebhaften Berichten zuzuhören. Ich will nur eine Erzählung herausgreifen, da sie für mich alles beinhaltet, was sie ausmachte. Ouma, wie sie überall genannt wurde, hatte nicht nur eine Rinderzucht, sondern neben Pferden und Hühnern auch Strauße. Diese können gegebenenfalls, besonders wenn sie Junge haben, sehr aggressiv und gefährlich werden. Da aber einer der Jungstrauße verletzt war, begab sie sich in das Gehege und wurde auch kurzerhand von der Henne angegriffen, sie schaffte es einige Runden einen Dornbusch zu umrunden, wurde dann aber kauernd in diesem von der Klaue der Straußenmutter attackiert. Ihre Unterarme, die sie sich schützend vor das Gesicht hielt, bekamen dabei recht tiefe Schnitte zugefügt. Ihre Arbeiter waren aber in der Zwischenzeit rückwärts mit offener Ladefläche mit dem Farmbuggy in das Gehege gefahren und konnten so Schlimmeres verhindern. Sie rettete sich also auf die Ladefläche und im Haus angekommen wickelte sie sich ein paar Küchenhandtücher um die tiefen, stark blutenden Wunden. Daraufhin fuhr sie selbst in das nächste, allerdings fast achtzig Kilometer entfernte Dorf, dort wurden die bis in die Muskulatur reichenden Wunden mit vierzig Stichen versorgt. Aber das alles schaffte es nicht, sie von dem großen

Muttertagsfest der Gemeinde abzuhalten, zu dem sie sich dann nach dem Arztbesuch noch aufmachte. Ich hatte lange und schöne Gespräche über den Glauben mit ihr, voller Dankbarkeit durfte ich unglaublich viel von ihr lernen und sie führte mich an die Kunst heran, wirklich im Jetzt zu leben. Und noch all die Jahre und unendlich viele Bücher über dieses Thema später bin ich nur ansatzweise an ihre gelebte Lebensweisheit herangekommen.

Erzählte ich ihr von irgendwelchen Plänen, fragte sie mich mit schöner Regelmäßigkeit, wann sich diese verwirklichen sollten, und auf meine Antwort über die Zeitspanne sagte sie jedes Mal: „Ach Kind, da planst Du jetzt schon, da kann sich doch noch so viel ändern bis dahin!" So hatte ich in ihr in meinem Probefarmjahr eine große Hilfe, war ich doch ziemlich auf mich selbst gestellt, da Erich in seinem Beruf als Reiseleiter viel unterwegs war. Der Alltag auf einer Farm ist immer spannend, kleine Tragödien mit kranken Farmkindern oder verletzten Tieren und kleine beinahe Herzattacken, als mein Sohn Fabian unter anderem mit einem Glas voller Skorpione stolz aus dem Feld nach Hause kam. Und dann die normalen Anforderungen als reingepurzelte Farmerin, gewohnt an Filetstückchen mit zweihundert Gramm am Stück, plötzlich mit einer Wildschweinkeule in der Küche kämpfend, deutlich größer als der geplante Kochtopf. Da kam mir dann aber mein Anatomiewissen zur Hilfe, indem ich an der Sollbruchstelle dem armen, ja schon verstorbenen Tier einfach das Bein brach, um es in den Topf zu bekommen. Mein

Entsetzen auf der ersten Jagd, als ich mit hochrotem Kopf hinter meinen Jungs endlich zum Platz kam, wo das von mir erlegte Tier (mit einem sehr guten Zielfernrohrgewehr und nach etlichen Probeschießstunden mit Ouma) sein Leben ausgehaucht hatte und ich mit meinem Traditions-Dank-Zweig in der Hand erst mal die abgetrennten Hoden auf einem Busch hängend vorfand, was wiederum der dortigen Tradition entsprach, um den herben Geschmack der Testosterone aus dem Fleisch fernzuhalten. Lustige Verständigungsprobleme, nachdem ich in kläglichem Afrikaans irgendeinen Arbeitsauftrag gegeben hatte, um dann zu sehen, wie meine höflichen Angestellten dabei waren, Sessel aus dem Haus in den Garten zu tragen, da sie absolut nichts von meinen Anweisungen verstanden hatten und gemäß ihrer Höflichkeit nicht nichts tun durften. Und auch wir durften lernen, dass auf der Farm der natürliche Kreislauf von Geborenwerden und Sterben mit einer Selbstverständlichkeit hantiert wird, die in unserer Welt in Deutschland zumindest in stadtnahen Gegenden abhandengekommen ist. Die Angestellten und ihre Familien lebten in der Nähe unseres Hauses in einer Siedlung „locacy". Die Verpflegung der Arbeiter und ihrer Familien wurde in Form von Essensrationen von uns übernommen. Von ihrem Gehalt konnten sie zusätzlich benötigte Dinge, die durch die monatlichen Versorgungsfahrten mit der ganzen Familie nicht abgedeckt waren, in unserem kleinen Farmladen „store" kaufen. All die Heimfahrten führten durch die heiße Steppe, das Auto vollgeladen, etwas schlingernd auf den Sandstraßen, Zucker- und Maismehlgeruch strömte aus den Säcken, unser Bully war erfüllt von den fröhlich singenden Stimmen der Kinder und Mütter. Auch Ouma hatte so einen „store". Ich sehe sie noch vor mir, wie sie hinter ihrer Theke steht, Bonbons „lekkers" in aussortierte Briefumschläge abzählt und diese dann den Kindern mit ihren leuchtenden Augen herüberreicht. Ein Großteil der Bonbonration verzehrte sie allerdings selbst mit bis ins hohe Alter tadellosen Zähnen. Hinter ihr an der Wand aufgehängt war Biltong, das selbst getrocknete, in feine Streifen geschnittene und gewürzte, für das Land typische und sehr begehrte Trockenfleisch. In Regalen aufgereiht gab es Stoffballen, Kleidungsstücke und Fellies, die für Namibia aus Kududerleder hergestellten und unverwüstlichen Schnürschuhe, ähnlich den 80er Kickers. Neben ihr der verblichene Schlapphut, in dem sie immer wider besseres Wissen die Eier ihrer Hühner transportierte, um sich dann in schöner Regelmäßigkeit über den durch die Hühnerwanzen ausgelösten Juckreiz auf ihrem Kopf zu beklagen. Und immer wurde alles geteilt; kamen überraschend Familienangehörige (und davon gab es immer eine Menge), dann wurde meist selbst die letzte Maismehlration geteilt. Eines Morgens standen die Farmarbeiter vor meiner Tür mit einer in der Nacht verstorbenen alten Frau. Da nach Gesetz natürlich jeder einen Totenschein braucht, mussten wir nun mit der Leiche in unser Dorf zur dortigen Polizei fahren, damit sie dort im Kühlraum gelagert werden konnte, bis die Formalitäten geklärt waren. Die Verstorbene war eine kleine alte Frau, die von ihrer Familie in schöne Tücher gewickelt worden war. So verpackt konnten wir sie auf der hinteren Ablage in unserem alten VW-Bus gut transportieren. Bei der Polizei war aber niemand zu finden, nach langem Suchen im Dorf entdeckten wir dann den zuständigen Polizisten, nur wusste der überhaupt nicht, wo der Schlüssel des Kühlraumes zu finden sei. Er schickte uns in das Hospital, um dort einen Platz in den Kühlräumen zu finden, aber aufgrund der leider sehr hohen HIV-bedingten Sterblichkeitsrate war dort alles besetzt. Da jede Tour ins Dorf aber mit einer Menge Erledigungen verbunden war, mussten wir auch unsere Einkäufe tätigen. Da es inzwischen so um die vierzig Grad heiß geworden war, kann man sich sehr gut vorstellen, wie dankbar wir waren, als am Nachmittag dann endlich der schlüsselkundige Polizist gefunden wurde. Da Erich viel auf Reisen war, um neben seinem Beruf als Farmer auch seinen Zweitberuf des Reiseleiters zu erfüllen, gab es für Fabian und mich zahlreiche Herausforderungen zu bewältigen. Aber auch alltägliche Wunder, als zum Beispiel unsere morgendliche Joggingrunde von Zebras, Streifengnus und Giraffen gekreuzt wurde. Wir hatten von unseren Nachbarfarmern zwei Geparden übernommen, da sie hervorragende Jäger sind und das nicht unbedingt überall erwünscht ist. Diese hielten wir vorübergehend in einem Gehege. Sie waren schon recht zutraulich und kamen bei dem Ruf: „cos, cos, cos" (ins Deutsche übersetzt: Essen) an den Zaun, um ihre Ration abzuholen. Fabian hatte von uns eine Gummischlange geschenkt bekommen. Er erschreckte mit ihr Lucas, einen taubstummen jungen Arbeiter, den Erich als fünfjährigen Waisenjungen quasi adoptiert hatte. Die Menschen auf der Farm haben gehörigen Respekt vor Schlangen und so konnten wir gar nicht schnell genug den Irrtum aufklären. Lucas kletterte in Windeseile den Gepardenzaun hoch, sprintete durch das Gehege und auf der anderen Seite wieder heraus. Als wir ihm dann mit Zeichensprache zu verstehen gaben, dass es sich nur um eine täuschend echt aussehende Kopie handelte, war das Gelächter groß. Leider bekommen Geparden häufig Katzenfieber (umgangssprachlich für eine Form der Encephalopathie, eine infektiöse Hirnentzündung). Dieses erwischte leider auch unsere beiden wunderschönen Geparden. Als sie trotz mühsamer Ernährungsversuche zu schwach zum Laufen und Essen waren, gab mir Erich aus der Ferne den Rat, doch die beiden zu erlösen. Ich war in Tränen aufgelöst. Josef, der mich begleitete, war sichtlich berührt von meinen Emotionen, ihm selbst konnte ich allerdings anmerken, dass es für ihn lediglich einen Teil des Lebenskreislaufes bedeutete, als ich mit einem gezielten Schuss ihr Leben beendete. Das war leider nicht das einzige Tierdrama. Erich hatte vor Jahren ein Oryxbaby aufgezogen. Oryxantilopen sind sehr genügsame Tiere, sie können selbst in kargen Wüstenlandschaften überleben. Unter vielen anderen hat sie diese Fähigkeit auch zum Wappentier Namibias werden lassen. Männliche wie auch weibliche Tiere haben säbelförmige, spitze Hörner und eine ganz besondere schwarze, maskenartige Gesichtszeichnung. Sie können mit ihren Hörnern nicht nur Kämpfe mit

Rivalen austragen, diese sind auch sehr geschickte spitze Waffen zur Verteidigung. Das musste unser großer, schöner Ridgeback-Mischlingsrüde leider schmerzlichst erfahren, da wir ihn nicht vom Jagen abbringen konnten und er der gezielten Attacke eines Oryx-Säbelhorns zum Opfer fiel. Schwer verletzt lief er noch einige Kilometer bis zu unserem Farmhaus, um dann dort zusammenzubrechen. Dieses Waisenoryxbaby hatte nur ein richtig geformtes Säbelhorn, das andere war entweder nicht richtig entwickelt oder bei einem Kampf verletzt worden. Wir nannten diese Oryxdame Bambili. Sie war sehr zutraulich, behielt aber stets einen Sicherheitsabstand bei. Sie hielt sich häufig in der Nähe des Hauses auf, natürlich wusste sie auch manche Leckereien von uns zu schätzen. In regelmäßigen Abständen verschwand sie für einige Monate im Busch, um dann mit einem Jungtier zurückzukehren. Wir verstanden das als eine Art Wertschätzung und Dankbarkeit. Leider war sie durch ihre Zutraulichkeit auch ein leichtes Opfer für unseren jagd- und schießwütigen Nachbarn, der sie dann leider eines Tages erwischte. Erich liebte das Farmleben mit all seinen kleinen und großen Herausforderungen. Es ist nie langweilig, es ist ein erfüllendes, mit der Natur verbundenes Leben. Leider sind die Erhaltungskosten enorm und so war er darauf angewiesen, durch seine Touren als passionierter Reiseleiter ein sehr gutes Zubrot zu verdienen. Für mich bedeutete das, mich einigen Dingen im Alleingang zu stellen, aber all das Neue und Aufregende ließ mich das Land Namibia besser kennen und lieben lernen. Als mir dann Erich eines Abends auf der Veranda unseres reetgedeckten Farmhauses einen Heiratsantrag machte, nahm ich diesen an. Am Ende unseres Probejahres gaben wir uns in unserer kleinen Farmkapelle das Jawort. Es war ein kleiner Kreis aus Familie und Nachbarfarmern dabei. Meine Familie aus Deutschland, meine neue Familie aus Namibia und Südafrika sowie meine Tante Erika aus Frankfurt. Als ich mich zu meinem Probejahr aufgemacht und bei ihr verabschiedet hatte, hatte sie gesagt: „Kind, wenn Du heiratest, dann komm ich zur Hochzeit." Das hatte sie wahr gemacht und war mutig mit in das Flugzeug nach Afrika gestiegen, zu der Zeit hatte sie Europa noch nie verlassen. Der Pastor war extra aus der zweihundertfünfzig Kilometer entfernten Hauptstadt angereist. Es war ein wunderschönes Fest, die Kinder und Frauen der Farm hatten wunderschöne Lieder einstudiert, alle waren in Rot gekleidet und die Stimmung, als wir alle im Abendrot gemeinsam singend durch das Steppengras zum Haus zurückliefen, werde ich immer in meinem Herzen tragen. Ich hatte schon erwähnt, dass dieses Probejahr das unbeschwerteste meines Erwachsenenlebens sein sollte, denn die Hochzeit war als dessen krönender Abschluss zu sehen, hatte das Schicksal schon eine ziemlich harte Probe in der Hinterhand.

4. Das zu große Herz

Wir erreichten in der allerletzten Minute den Flug nach Kapstadt. Kurz nach der Hochzeit war mein Mann auf der Farm kollabiert. Fabian ließ sich tapfer bei Ouma unterbringen. Die Untersuchungen in dem Herzzentrum in Südafrika, in dem schon Dr. Barnard gearbeitet hatte, zeigten ein total dekompensiertes Herz. Erich hatte sich Jahre zuvor in einem Autounfall fast tödlichen Ausgangs die rechte Vorhofklappe gesprengt, was allerdings in all den Jahren bisher nie große Beschwerden gemacht hatte und bis dato auch nie diagnostiziert worden war. Damals allerdings wurde Erich, nachdem man ihn Stunden nach dem Unfall auf einer Sandstraße im Osten des Landes gefunden hatte, nach Windhoek gebracht und dort ohne jegliche Hoffnung in ein Zimmer zum Sterben gelegt. Als er dann aber Stunden später diese Vorgabe nicht erfüllte, erbarmte sich ein junger, enthusiastischer Arzt seiner, nahm eine im dortigen Krankenhaus noch nie durchgeführte Herzbeutelpunktion[3] vor und rettete ihm damit das

---

3 Durch Verletzung des Herzens kommt es zur Blutansammlung im Herzbeutel. Das Herz kann nicht mehr richtig pumpen, es kommt zur Minderversorgung des Kreislaufs. Punktion des Beutels und Abziehen der Flüssigkeit ist somit eine lebensrettende Maßnahme.

Leben, allerdings opferte er damit seine Stelle in diesem Haus, da dieser Eingriff als zu gewagt angesehen wurde. Seiner Karriere tat das keinen Abbruch, er ist noch heute ein hervorragender Anästhesist in Kapstadt. In Kapstadt wurde nach aufwendigen Untersuchungen beschlossen, Erich einer Klappenersatz-Operation zu unterziehen. Es war ein riskanter Eingriff, das Herz hatte sich langsam über die Jahre zu Kompensationszwecken des mangelnden Druckgefälles im rechten Herzen extrem vergrößert, und so folgten der aufwendigen Operation noch Wochen mit allen nur erdenklichen Komplikationen. Es sollten fast vier Jahre vergehen, ehe Erich sich so weit erholt hatte, dass er das normale Leben wieder in Angriff nehmen konnte. Dieser Herzchirurg, der außer Erichs Leben noch Hunderten von namibischen Patienten und vor allem Kindern das Leben rettete, meisterte dies unter sehr schwierigen Bedingungen, muss man als Arzt in Afrika vor allem sehr flexibel, extrem belastbar und einfallsreich sein. Noch immer verbindet uns eine enge Freundschaft zu diesem wundervollen Mann, der ohne jeglichen Dünkel jedem Patienten mit vollem Respekt und Achtsamkeit begegnete. Ich habe ihm des Öfteren assistiert und kann mich nicht erinnern, dass ihn jemals, auch in noch so stressvollen Momenten seine grenzenlose Geduld verlassen hätte. Er war und ist mir ein Vorbild und in all meinen folgenden Jahren als Krebsärztin konnte ich auf diesen vorgelebten Mut zurückgreifen, in all diesen Momenten, in denen mich bisweilen die Kraft zu verlassen drohte.

5. Krebs hat viele Gesichter

Da stand ich nun auf der Station, eine junge, enthusiastische Ärztin, noch frisch verwöhnt von einem straff organisierten deutschen Krankenhausalltag, Schwester Antonia hatte gerade auf meine Frage, wo denn die Röntgenbilder von einem neu aufgenommenen Patienten seien, mit einem sorgfältig abgenagten Hühnchenknochen auf einen recht beachtlichen Haufen brauner Papierumschläge gezeigt. Und so war ich dann in meiner neuen Heimat angekommen, voller neuer Eindrücke, sehr gewöhnungsbedürftiger Umstände, aber durchweg von offenen, dankbaren Herzen empfangen. Der Arbeitsalltag in der Staatskrebsklinik war am Anfang schlicht überwältigend. Überwältigend das Arbeitspensum, Wartezimmer voller geduldig wartender, schwerstkranker Menschen, überwältigend die Ausprägung der Krankheitsbilder, überwältigend der Umfang der notwendigen ärztlichen Tätigkeiten. Und doch hatte alles seine Ordnung und Regelmäßigkeit. Beides wurde seit Jahren aufrecht erhalten von meiner Chefin. Eine gebürtige Namibierin, wunderschön, über die Jahre des erlebten Leides etwas hart geworden. Eine sehr beeindruckende Frau voll mit angewandtem Wissen. Sie erklärte, besprach, lebte vor und erwartete Einsatz. Sie war dankbar für meine Hilfe, für mein Dasein und für meine Energie und meinen kraftvollen Willen zu helfen. Ich bin und werde immer dankbar sein für alles, was ich von dieser tollen Frau lernen durfte, und so sollten wir uns gemeinsam Seite an Seite durch die folgenden sieben Jahre gegenseitig durchhelfen. Die Klinik war die einzige Anlaufstelle für Krebspatienten im ganzen Land, Chemotherapie und Bestrahlung konnten nur dort gegeben werden, und nur sehr komplizierte Fälle wurden nach Südafrika geschickt. Der Staat übernahm sämtliche Kosten der gesamten Behandlung mit Ausnahme der zahlenmäßig geringen Zahl der Patienten mit einer Krankenversicherung. Der Standard war mit weltweiten Standards vergleichbar und wir hatten Zugang zu fast allen Medikamenten und Chemotherapien, die bis auf etwaige Liefer-und Zollprobleme auch immer verfügbar waren. Zum Erhalt des Standards und zur Weiter- und Fortbildung wurden wir regelmäßig auf internationale Krebskongresse geschickt, ganz besonders interessant waren allerdings die Zusammenkünfte mit Ärzten aus anderen afrikanischen Ländern. Ein Land wie Namibia mit achthundertzwanzigtausend Quadratkilometern und nur zwei Millionen Einwohnern war in einer ganz anderen Situation als zum Beispiel Nigeria, wo allein schon die Hauptstadt Abuja 2,5 Mio. Einwohner hat und der Großraum Lagos 10 Millionen Menschen Lebensraum gibt. Ein nigerianischer Kollege, von Beruf Bestrahlungsonkologe, erzählte mir, dass man in solchen Ballungszentren die medizinische Versorgung der großen Anzahl von Patienten nur in einer Art Drei-Schicht-Betrieb sichern könne. Immer wieder wurde und werde ich gefragt, ob denn Krebs in Afrika auch so ein großes Problem sei. Bei vielen Menschen hält sich die Vorstellung, in Entwicklungsländern wären andere gesundheitliche Probleme vorrangig. Die HIV-Inzidenz in Namibia ist eine der höchsten der Welt, je nach Region variiert sie zwischen acht und 30%. Namibia hat ein gut funktionierendes HIV-Programm und steht kurz davor, das 90-90-90-Ziel zu erreichen. UNAIDS hat 2014 das 90-90-90-Ziel formuliert. Bis zum Jahr 2020 sollten demnach mindestens 90% aller Menschen mit der Erkrankung HIV diagnostiziert sein. 90% dieser diagnostizierten Menschen sollten antiretroviral therapiert sein. Als Therapieziel galt, dass bei 9 von 10 Patienten kein HI-Virus (Viruslast) mehr im Blut nachweisbar sein solle. Die Infektion mit dem Virus (HIV= human immunodeficiency virus) bewirkt eine Abschwächung des Immunsystems. Das bedeutet, dass Krebsarten, die bei immungeschwächten Menschen gehäuft auftreten wie zum Beispiel das Kaposi-Sarkom (eine Hautkrebsart) oder Lymphome auch in Namibia vermehrt auftreten. Die Häufigkeit solider Tumore, also von Krebsneubildungen in Organen wie etwa Darmkrebs, entspricht der Häufigkeit in Europa. Alles in allem ist diese Erkrankung für alle Betroffenen, also Patienten, Familien und Ärzte, eine extreme Herausforderung in allen Lebensbereichen. Und doch war und ist mein Alltag durchzogen von Wundern, Heilung in verschiedenen Ebenen und bezaubernden zwischenmenschlichen Begegnungen und Beziehungen. Tobias war ein Ovahimba, das ist ein Volk im Norden, das ohne feste Siedlungen durch die afrikanische

Steppe zieht und vom Sammeln und Jagen lebt, und je nach Reichtum wird auch Viehzucht betrieben, meist Kleintiere wie Ziegen, aber auch Rinder. Er war an einem Lungentumor erkrankt, der auch bei Nichtrauchern vorkommt. Als er zu uns kam, mussten wir aufgrund der Röntgenbilder in unserer Fallbesprechung mit den Chirurgen leider feststellen, dass eine Operation wegen der Größe und Beschaffenheit des Tumors keine Option war. Mit Erna, ursprünglich einer Reinigungskraft, aber durch ihr Vermögen nicht nur fünf verschiedene Sprachen zu sprechen, sondern auch ein unglaubliches feinfühliges Gespür für den achtsamen Umgang mit kranken Menschen ihr eigen zu nennen, zu einer unentbehrlichen Übersetzerin und Vermittlerin geworden, erklärte ich Tobias die Situation und den geplanten Behandlungsablauf mit einer Kombination aus Chemotherapie und Bestrahlung. Auch nach ausführlicher Aufklärung über die unerwünschten möglichen Nebenwirkungen stimmte er der Behandlung zu. Nur war es nicht nur ein Zustimmen nach reiflicher Überlegung, wie ich es bei so vielen meiner mutigen und tapferen Patienten gewohnt war, es war vielmehr ein bewusstes, all umfassendes, in vollstem Vertrauen Übergeben seines Lebens in meine Hände. Großgeworden in einem Deutschland, in dem nicht nur Alltagsglaube, Glaube an Gott und Vertrauen in das Leben äußerst selten sind, sondern auch der Wunsch nach absoluter Sicherheit in Form von Versicherungen in jeglicher erdenklicher Form, evidenzbasierter Medizin, in Statistiken belegten Behandlungserfolgen und prozentuale Überlebensangaben den medizinischen Alltag bestimmen, löste sein Verhalten bei mir eine Flut von Emotionen aus. War mir der Segen meines Glaubens sehr wohl bewusst, erreichte das nun eine andere Dimension, sah Tobias in mir so etwas wie eine Verlängerung der Hand Gottes. Das brachte mich zu einer Innenschau über mein eigenes Glaubensverständnis. Die Erkenntnis, tatsächlich nichts ohne Gott zu sein. Alles, was ich je erfahren, erlernt und erlebt hatte, alle Höhen und Tiefen. Ich nahm sein Vertrauen und sein Verständnis an. Er vertrug die gesamte Behandlung ohne Komplikationen. Auch bei ihm, wie bei so vielen Patienten in Afrika, galt seine hauptsächliche Sorge seiner Frau und seinen Kindern, die für die Zeit der Behandlung ohne ihn zurechtkommen mussten. Auch dass ich ihn bei meiner allmorgendlichen Visite nie in seinem Bett vorfand, sondern immer unter dem Bett auf dem Boden liegend. Ich musste ihn immer mit Engelszungen überreden, doch noch ein wenig in diesem Gebäude auszuharren. Dieses Verhalten war bezeichnend für Menschen, die ausschließlich an freie Natur gewohnt waren und auch an die Nächte im Kreise der Familie unter freiem, funkelndem Sternenhimmel. Für ihn war das sicherlich die größte Hürde in dieser ganzen Zeit. (Und wieder kommt eine Erinnerung zu mir: Wie schon erwähnt gab es wegen der Armut überall Beschaffungskriminalität, die auch vor dem Krankenhaus nicht Halt machte. Eines Morgens, als er von seiner Chemotherapie zurückkam, berichtete er ganz

aufgebracht, dass seine Matratze geklaut worden war.)
Nach Beendigung der Therapie waren alle Patienten
angehalten, sich für die nächsten zwei Jahre alle drei
Monate wieder bei uns vorzustellen. Dieses Nachsorgeprogramm beeinhaltete unter anderem hauptsächlich Blutabnahme, bildgebende Verfahren und körperliche Untersuchungen. Auch Tobias stimmte dem
zu und nach herzlichem Abschied stieg er in den Bus,
der ihn in eine Siedlung hunderte von Kilometern in
den Norden bringen sollte, von wo aus ihn dann noch
einige Tage Fußmarsch von seiner Familie trennten.

Aber Tobias kam erst vier Jahre später zu uns, es
war schlicht und ergreifend nicht machbar für ihn gewesen, zur Nachsorge zu kommen, eines seiner sieben
Kinder war gestorben und auch hatte er einige Tiere
verloren. Es ginge ihm gesundheitlich sehr gut, gab er
etwas verwundert meinen Nachfragen zur Antwort,
er sei nur gekommen, da er es versprochen hätte. Das
Röntgenbild zeigte sich unverändert zu unserem letzten Abschlussbild und in Anbetracht der ursprünglich
sehr weit fortgeschrittenen Tumorerkrankung mit einer erwartungsgemäß geringen Überlebensrate war
er für mich bis dato eine der bis heute in der Medizin
unerklärbaren, so genannten Spontanheilung.

6. Erste große Liebe

Mein Vater war alles für mich. Er war der schönste Mann, den ich mir vorstellen konnte. Er war mein Idol von Kraft. Er roch immer nach einer Doppelpackung Tabak, dem echten zum Rauchen und dem zum Sprühen, dem Rasierwasser Tabac. Ich habe oft seine Arbeitshemden gebügelt (immer die gleichen weißen Hemden mit einer kleinen schwarzen Rose darauf) und immer, wenn dabei ein Hauch dieser herrlichen Mischung zusammen mit seinem eigenen Geruch in meine Nase kam, habe ich mir vorgestellt, wie ich später glücklich verheiratet, die Hemden meines Ehemannes bügeln würde. (Freud atmet bei dieser Aussage gerade tief ein und nickt wohlwissend mit dem sorgenvollen Kopf). Tatsächlich fühlte ich mich Jahre später zu einem älteren, rauchenden Mann hingezogen, so sehr, dass ich ihn heiratete. Außer, dass ich meinen Vater liebte, weiß ich noch, dass er eigentlich selten zu Hause war, was ich damals wohl ganz klar als Schuld seiner Arbeit sah, war er doch mein Held in der Arbeitswelt, als erfolgreicher Manager einer großen Firma, fleißig bis spät abends. Endlose Meetings, wovon ich ihn einmal abholen durfte. Als dann die Tür des Meetingraumes aufging, war erst mal außer Tabakrauch nicht viel zu sehen, dann langsam sichtbar werdend, lauter wichtig aussehende Männer in teuren Anzügen und mit Herbert-Wehner-Brillen. Jahre später sollte ich aber dann begreifen müssen, dass das späte nach Hause kommen doch mehr bedingt war durch die Andacht an schöne Frauen. Ganz besonders an eine, die er mir dann einfach so vorstellte ohne große Erklärung. Ich muss so ungefähr neun Jahre alt gewesen sein, ich war in meinen unbeschwerten Reiterferien, als er dort ohne jede Vorwarnung auftauchte, zusammen mit einer birnenförmigen Frau in einem speziell für diese Körperform viel zu kurzen Rock. Das Erscheinen der beiden allein war schon unverständlich, als sie mich aber dann zurückließen mit der Tochter dieser Frau, dem verzogensten Gör, das man sich vorstellen kann, fing das Heldenbild meines Vaters schon sehr zu bröckeln an. (Dieser scheinbar mühelos geschriebene Satz hat mich allerdings viel Mühe, harte Arbeit und auch Tränen gekostet). Meine Mutter, eine wunderschöne, edle, hochgewachsene Erscheinung, Besitzerin der schönsten Beine und eines wundervollen Humors, war zu dieser Zeit mit meiner Schwester nichtsahnend in England zum Sprachurlaub. Das Schlimmste war, dass wir nie auch nur ansatzweise darüber gesprochen haben. Es war eher so ein stillschweigendes Einvernehmen zwischen Vater und Tochter, die sich schon damals die Verantwortung zu eigen machte, die eigene Mutter vor der Wahrheit zu schützen. Wenige Jahre später sollte ich sie dann vor der Wahrheit um ihren Tod schützen, aber das ist ein anderes Kapitel. In meiner Erinnerung waren die folgenden Jahre geprägt durch den zunehmenden Alkoholkonsum meiner Mutter. Der eher lockere Umgang mit Alkohol, Zigaretten, und (in meiner Erinnerung zumindest) rauschende Feste waren in unserem sozialen Umfeld eines der Merkmale dieser eher unbeschwerten, vergessenwollenden Zeit nach dem Krieg. Auch typisch für damals waren die Ehefrauen-Kaffeeklatsch-Treffen mit dem Tageszeit-unabhängigen Begrüßungsdrink von der damals üblichen Bar. Ich kann mich noch gut an eine Freundin meiner Mutter erinnern, eine große und vom Körperbau sehr mächtige Frau, die, nachdem sie mich zur Begrüßung zwischen ihren Brüsten fast erdrückt hatte (mein damaliger Hund hatte schon jaulend das Weite gesucht) mit ausgestrecktem Mittelfinger einen Berliner aufspießte, der eigens zur Begrüßung auf einer Platte arrangiert war, und mit ungelogen zwei Bissen verdrückte. Und in eben dieser ausgelassenen Zeit, in der meine Mutter ihre ganze Aufgabe in ihren zwei süssen, blondschopfigen Töchtern und in der Rolle der immer adretten Ehefrau und Hausfrau mit all deren Aufgaben sah, muss sie die schwindende Aufmerksamkeit meines Vaters gespürt haben. Der Tod der eigenen Mutter, zu der sie ein eher ungesund enges Verhältnis hatte, führte sie in eine sehr vulnerable Phase, in der sie nach und nach den Halt verloren haben muss. Die sonst so frohe Natur meiner Mutter (da kommt mir die Szene vor Augen, als ich auf der Suche der Ursache eines konstanten Quietschens meine Mutter entdeckte, die mit beiden Armen auf unserem wackligen Esstisch aufgestützt eben diesen zum Quietschen brachte, Frankfurter Mundart-Witze lesend, kein Ton kam über ihre Lippen, aber der ganze Körper war ein einziges Lachen) verwandelte sich langsam in eine traurige und verbitterte. Die qualvollen Abendessen, ohne dass etwas gesprochen wurde mit meiner Mutter sichtlich betrunken um Haltung bemüht, wurden mehr und mehr zum Alltag. Diese stille, anklagende Haltung meiner Mutter führte dazu, dass mein Vater noch seltener zu Hause war, und ich wurde mehr und mehr ungewollt Zeuge von heimlichen Telefonaten, von denen ich händeringend versuchte, meine Mutter fernzuhalten. So lebte jeder in unserer Familie immer mehr in seiner eigenen Welt und besonders quälend empfand ich, dass nichts angesprochen und besprochen wurde. Ich kann mich wohl an einen kläglichen Versuch meinerseits erinnern, mit meinem Vater über seine Affäre zu sprechen, aber außer einem grundtief traurigen Gefühl kann ich nichts mehr aus der Erinnerung holen. Unbegreiflich auch, dass ich mich an kein einziges Gespräch mit meiner Schwester über diese zermürbende Situation erinnern kann. Ich liebe meine Schwester zutiefst, sie ist ein wundervoller Mensch mit einem herzerfrischenden Humor und die beste Zuhörerin, die man sich wünschen kann. Nur ist neben all diesen wundervollen Eigenschaften eine tiefsitzende Angst ihr ständiger Lebensbegleiter, ganz besonders die Angst vor der eigenen Herrlichkeit und die Angst vor Krankheit und Tod. Ich weiß nicht, ob dem law of attraction[4] so viel Berechtigung zukommt, wie es

---

4 Übersetzt: „Das Gesetz der Anziehung". Das kosmische Gesetz hinter dem Buch „The Secret" von Rhonda Byrne 2007.

in den letzten Jahren in so vielen Büchern beschrieben wurde, aber leider zogen all diese gefürchteten Monster auch in unser Leben ein.

7. Vom Verlassenwerden

*„Sei allem Abschied voran, als wäre er hinter Dir,
wie der Winter der eben geht. Denn unter Wintern
ist einer so endlos Winter, dass, überwinternd,
Dein Herz überhaupt übersteht."*[5]

Rainer Maria Rilke

Es ist Ostern 1982, meine Eltern sind in Abano Terme in Italien zur Kur, Fangopackungen, Entschlackung, Diät und Bewegung. Ich bin mit dem evangelischen Stadtjugendring zur Osterskifreizeit in der Schweiz. Mein Freund ist auch mit dabei, alles ist aufregend und neu. Ich fühle mich gut aufgehoben. Die Leiter der Freizeit sind schon länger unsere Gruppenbetreuer. Ein junges Ehepaar voller Gemeinschaftssinn und Bescheidenheit, ich denke, dass ich auch mal so werden will. Es ist ein wunderschöner Sonnentag hoch oben in den Bergen, weit weg von zu Hause. Ich habe eine Abfahrt gemacht und merke, mit meinen Beinen stimmt was nicht. Mehr und mehr verliere ich die Kontrolle, es fühlt sich an wie ein nicht enden wollender Krampf. Mein Betreuer, der ahnt, dass in meiner Familie etwas

---

5 Quelle: Rainer Maria Rilke"Die Gedichte"Seite 742 aus „die Sonette an Orpheus"Insel Verlag Frankfurt 2006

Grundlegendes nicht in Ordnung ist, wird aufmerksam. Auch mit ihm habe ich nie geredet, würde es doch heißen, die „heile Familie" zu verraten. Er hilft mir, die aufkommende Panik zu bekämpfen, massiert meine Beine mit Branntwein. Ich fühle mich gelähmt und kann einfach nicht mehr auf meinen Beinen stehen. Auch das geht vorüber, der restliche Urlaub verläuft ohne weitere Zwischenfälle. Wir kommen wieder nach Hause, noch voll des Gefühls der Gemeinschaft, gemeinsames Beten, Singen. Meine Eltern sollten erst in einer Woche zurückkommen. Aber sie sind schon da. Es ist eine komische Stimmung, der Ausdruck, schweigende Lähmung kommt mir in den Sinn. Auch jetzt wieder keine Gespräche, keine Erklärung außer der, dass Papi sich dort nicht wohlgefühlt hat. Er probiert zur Arbeit zu gehen, sitzt aber oft eine Stunde und mehr im Auto, bevor er losfährt. Oder er kommt schon nach kurzer Zeit wieder zurück.

Es ist Frühlingskirmes im Dorf, Familienausflug zu Fuß, es fällt mir auf, dass Papi immer hinter meiner Mutter läuft, ganz unsicheren Schrittes, oft nach ihrer Hand suchend, was ungewöhnlich ist. Es ist früher Abend, wir sitzen im Wohnzimmer. In den wuchtigen Sesseln um den runden Eichentisch, in den Messing-Pferdefiguren eingelassen sind. Ich sitze auf der Lehne bei meinem Vater und streichle seinen Kopf, es fällt mir auf, dass seine Haare auf dem Hinterkopf weniger werden. Es ist ein gemeinsames Abschiednehmen ohne Worte. Eine fast greifbare Traurigkeit steht im Raum.

Es ist ein wunderschöner Frühlingstag. Ich fahre mit dem Fahrrad nach Hause. Ich habe Karten für das Barclay James Harvest Konzert heute Abend in der Stadthalle. Und da ist dieser ganz klare Gedanke, dass, wenn sich mein Vater umgebracht hat, ich nicht in das Konzert gehen kann.

Als ich die Straße nach unten fahre, sehe ich Polizeiautos und den Fiesta meiner Schwester. Mein Vater hat sich sein Leben genommen. Ein Loch in seinen Kopf gemacht. Weggemacht. Kein Abschiedsbrief. Einfach weg. Für immer.

8. Das Fremde vertrauensvoll annehmen

> *„Es ist nicht unsere Aufgabe,*
> *einander näher zu kommen,*
> *so wenig wie Sonne und Mond*
> *zueinander kommen oder Meer und Land.*
> *Unser Ziel ist es, einander zu erkennen*
> *und einer im anderen das zu sehen*
> *und ehren zu lernen, was er ist:*
> *des anderen Gegenstück und Ergänzung."*[6]
> Hermann Hesse

Namibia ist ein großes, weites Land. Ein Land voller harter Schönheit. Ein steppenartiges Hochland, eingerahmt im Osten von der kargen Kalahari-Steppenwüste, im Westen von einer gnadenlosen weiten Namib-Dünenwüste. Die endlosen Sandfelder stellen sich über die gesamte Länge des Küstenstreifens dem tagtäglichen Angriff der unermüdlichen Wellen des Atlantiks. Dieser ist durch den Benguelastrom verantwortlich für die fast täglichen morgendlichen Nebelbänke. Und somit auch für die fast mystischen Momente, wenn sich die Sonne durch die dicken Nebelschwaden

---

6 Quelle: Herman Hesse „Narziß und Goldmund" Seite 44, 45 Suhrkamp Verlag 2021

hindurchkämpft, um dem morgendlichen Spaziergänger den Blick auf goldene Sandfelder zu schenken, die sich von der Gischt des grünen Meeres einen sanften Rahmen geben lassen. Der kühle Benguelastrom ist auch verantwortlich für einen ehemals unglaublichen Fischreichtum. Dieser ist leider über die Jahre einer Fischerei-Gier zum Opfer gefallen. Auch hat Namibia mit Vergabe von Fischereirechten seine im Unabhängigkeitskampf entstandenen Schulden versucht zu begleichen. Auf achthundertzwanzigtausend Quadratkilometer verteilen sich ungefähr zwei Millionen Menschen. Diese Bevölkerungsarmut steigert das Zusammengehörigkeitsgefühl, Familienbanden und Dorfgemeinschaften. Ist die nächste größere Siedlung einige Hundert Kilometer entfernt, ist man schlicht und ergreifend auf die Hilfe des Nachbarn angewiesen. Diese schlichte Tatsache beinhaltet allerdings totales Vertrauen ins Leben, eine Eigenschaft, die der sogenannten ersten Welt aufgrund des dortigen extremen Sicherheitsbedürfnisses abhandengekommen ist. Die ursprünglichste Bevölkerungsgruppe stellen die San oder auch Buschmänner dar, ein faszinierendes Nomadenvolk, das Jahrhunderte lang in totaler, dankbarer Einheit mit Mutter Natur lebte. Gejagt wurde nur, wenn der Vorrat an getrocknetem Fleisch zur Neige ging. Um sich auch in den unendlichen Weiten der afrikanischen Steppe verständigen zu können, entwickelten die San eine Sprache, deren charakteristische Schnalzlaute auch über weite Distanzen noch deutlich vernehmbar sind. Diese fröhlichen und ein wenig an

Tierlaute erinnernden Geräusche passen auf eine fröhliche Art zu dem liebevollen, friedlichen und kindlich unbeschwert anmutenden Volk. Es sind kleine Menschen ohne auch nur ein Gramm Unterhautfettgewebe, was unter anderem auch für die recht frühe und starke Faltenbildung im Gesicht verantwortlich ist. Diese verleiht ihnen aber auch Gesichter voller sonnengegerbter, ausdrucksstarker Schönheit. Leider geht auch an ihnen die Zivilisation mit ihren Nebenwirkungen nicht spurlos vorüber. Neben riesigen Naturschutzgebieten, die fast zwanzig Prozent der Landesoberfläche von Namibia ausmachen, erstrecken sich weite Farmgebiete. Zur Erhaltung deren Infrastruktur sowie für Rinderzucht und Landwirtschaft werden neben fest angestellten Farmarbeitern immer wieder Zeitarbeiter benötigt. Zeitarbeitsverträge kommen diesen umherziehenden Menschen sehr entgegen und sie sind vor allem wegen ihrer Kunst des Fährtenlesens auch auf Jagdfarmen sehr beliebt. Da aber leider die weltweit gefährlichste Droge Alkohol auch vor Namibia nicht Halt gemacht hat, kommen die San auch mit dieser Zivilisationserrungenschaft in Kontakt. Mit nur einem großen Problem, nämlich, dass sie eine genetische Schwäche der Alkoholdehydrogenase haben, ein Alkohol abbauendes Enzym. Dies führt zu pathologischen Räuschen mit unkontrollierbarem Ausgang.

Das erinnert mich an eine Episode, die sich zum Ende der Regenzeit bei uns auf der Farm begab. Das Besondere an der Kalaharisteppe, in der sich unsere Farm befand, ist die für Afrika so typische, bedingt durch ihren hohen Eisengehalt rote Erde. In Zeiten guten Regenfalls bildet sie zu dem nur zu dieser Zeit üppigen Grün der Steppe und der Kameldornbäume einen bezaubernden Kontrast. Während nach Zeiten bis zu sechsmonatiger absoluter Trockenheit das ganze Land nur auf den Segen des ersten Regens wartet, geschehen dann auch immer wieder unglaubliche Wunder. Umherspringende, ausgelassene Antilopen, Explodieren gelbblühender Morgensternfelder, Handtellergroße, muhende Ochsenfrösche, die aus unterirdischen Kammern auftauchen. Und dann hauptsächlich im Osten des Landes die Erde, die sich in kleinen Rissen auftut, um den kundigen Sammlern den Weg zu darunter gelegenen, köstlichen Trüffeln zu weisen. So kam ich dann eines Abends spät von der Nachbarfarm meiner Schwiegermutter zurück, Fabian war schon herrlich auf der durchgehenden Sitzbank unseres Jeeps eingeschlafen, als sich aus dem Schatten eines Busches eine Gestalt herauslöste. Als ich das Gesicht im Mondschein entdeckte, erschrak ich über das Gesicht, das mehr einer Fratze ähnelte, zutiefst. Bis ich dann, Gott sei gedankt, Satan in ihr wiedererkannte. Satan, wie er sich selbst genannt hatte, hatte den ganzen Nachmittag und Abend auf mich gewartet, um mir frisch geerntete Trüffel in einem großen Zuckersack anzubieten. Seine Lebensgeschichte hatte er mir schon vor einiger Zeit erzählt. Seine Mutter, eine Buschmännin, war ihrem Mann hinterhergezogen, der als Farmarbeiter angeheuert hatte. Leider war er in bestimmten Phasen total dem Alkohol verfallen. Neugierig, wie sie war, versuchte auch sie sich an dem ihr fremden Getränk, worauf beide total die Kontrolle verloren und irgendwann nach heftigen Streitereien an der Feuerstelle einschliefen. Nur hatte sie dabei ihr Kind neben sich vergessen, das sich dabei hochgradige Verbrennungen seines Gesichtes zuzog. Er überlebte das Drama auf wundersame Weise, allerdings blieb ihm zur Erinnerung ein total entstelltes Gesicht erhalten, und mit seinem Sinn für Galgenhumor nannte er sich von da an Satan. Er war ein toller Geschichtenerzähler und ein unglaublicher Lebenskünstler, allerdings auch ein verdammt guter Geschäftsmann, was dazu führte, dass ich zwar für wirklich tolle Trüffel, leider auch einen extrem hohen Preis zu zahlen hatte. Auch mein Argument, dass sein nächtliches Erscheinen bei mir fast zu einem Herzstillstand geführt hätte, ließ er laut lachend einfach nicht gelten. Aber die Trüffel waren köstlich und ich war zur späten Stunde einfach nur erleichtert, dass es sich bei dem Schatten dann doch nur um meinen alten, hässlichen Buschmannfreund gehandelt hatte. Solche und noch viele andere Begegnungen halfen mir zu verstehen, dass das Heilen und Hantieren mit Leid und schmerzvollen Umständen maßgeblich vom Vertrauen in das Leben abhängt. Sich ganz in Liebe und Beziehungen hineinzustellen. Totales Annehmen von Situationen, die sich unserem Zugriff komplett entziehen. Das ist für mich der Boden für Gesundheit. Nur das Akzeptieren des Geschehenen macht Heilung erst möglich. Reflexion und Mut, die Umstände zu sehen, wie sie sind und diese in die eigene Wirklichkeit aufzunehmen. Es ist ein steiler Weg den Berg hinauf und wieder herab ins Tal, aber es ist der einzige Weg, das geschenkte Leben fortzusetzen.

9. Vom Heilwerden

Was folgte, war zu akzeptieren, dass mein Vater nicht mehr hier war. Noch Jahre darauf sollte ich immer und immer wieder den gleichen Traum träumen. Dass nur ich davon wusste, dass er eigentlich noch am Leben war, er mir ab und zu Nachrichten zukommen ließ und ich aus irgendeinem Grund niemanden davon wissen lassen durfte.

An die folgende Zeit nach seinem brutalem Uns-Verlassen habe ich keine klaren Erinnerungen mehr, außer viel Aufregung, viel Bewegung, Organisieren. Der beste Freund der Familie übernahm all das Organisatorische, seine Frau die seelsorgerische, unterstützende Seite. In den folgenden Jahren waren das die einzigen Menschen von all den zahlreichen sozialen Kontakten, die vorbehaltlos meiner Mutter beistanden.

Meine Mutter, nun vollkommen haltlos geworden, ertrank in Leid und Alkohol.

Große, geschäftige Beerdigung, viele Reden ohne wahre Bedeutung, gut gemeinte, aber leere Worte. Großer Abschied der Geschäftsleitung, völliges Unverständnis der Situation und dann wieder dieser rote Faden des Nicht-Besprechens. Ich erkenne den enormen Vorwurf darin, sicher kann ich mich auch an vieles nicht mehr erinnern, aber wo ist dieses Netz, welches einen auffangen soll, Seelsorger, professionelle Trauer-Helfer? Unsere Gesellschaft, in der nur Erfolg,

Jugend und Schönheit zählen, klammerte und tut es leider heute noch, den Tod und den damit verbundenen Ansturm aus Leid schlicht aus (Buchempfehlung: Professor Borasio „Über das Sterben"). Meine Mutter, haltlos in ihrer eigenen Trauer, war einfach nicht fähig, uns Kindern zu helfen, ich im Alter von sechzehn, meine Schwester mit zwanzig Jahren schon eine junge Frau, aber wir waren eben doch Kinder unseres Vaters. Ich werfe es meiner Mutter nicht vor, dass sie um ihr Leid herum nicht unseres sehen konnte, aber noch heute in Gebeten, in Therapiestunden, in Hypnosesitzungen, in all den Versuchen zu heilen, finde ich immer noch dieses kleine, verletzte und verlassene Kind in mir. Ich kann mich nicht erinnern, woher und wann mein Glaube zu mir kam oder ob er vielleicht immer schon bei mir war, ich weiß aber, dass ich nichts von all dem in meinem Leben ohne diese Kraft geschafft hätte. Zermürbende Gedanken über das Warum kamen durch diesen Segen nicht auf, wohl aber unsägliche Probleme im Annehmen des Geschehenen. Im Jetzt und mit meiner heutigen Erfahrung als Arzt weiß ich, dass wirkliche Heilung, sei es Heilung von körperlichen Wunden, Krankheiten oder Seelenverletzungen, einzig und allein durch das Annehmen geschehen kann. Damit ist nicht Aufgeben gemeint; sondern Annehmen in dem Sinn, das Jetzt mit all seinem Sein und Leid in seine eigene Wirklichkeit hinein zu lassen. Unnötig zu erwähnen, dass dies genau meine größte Hürde war. Mich damals schon definierend über das Tun, als „Macherin" musste ich nun diese erschreckende Hilflosigkeit erkennen. Natürlich konnte ich meiner Mutter beistehen, oft musste ich sie ins Bett bringen, Dinge erledigen, zu denen sie einfach nicht die Kraft hatte, und eben auch ihre Trauer und die Enttäuschung abfangen. Enttäuschung über das ganze Leben, Enttäuschung, dass sich all die sogenannten Freunde mehr und mehr zurückzogen. Meine Mutter war ja schließlich gesellschaftlich untragbar und uninteressant geworden. Da ich aber bei all dem ein inzwischen siebzehnjähriger Schüler war und von mir erwartet wurde, weiter zu funktionieren, klappte mein Körper auch quasi in der Schule als Erstes zusammen. Es fing mit entsetzlicher Unruhe an, so schlimm, dass ich nicht mehr im Unterricht bleiben konnte, so blieb ich zu Hause. Mein Schulfreund Achim, der mir näher als die anderen stand, da er ungefähr zeitgleich seinen Vater bei einem Unfall verloren hatte, brachte mir die Hausaufgaben nach Hause. Dabei bemerkte er als Erster, dass mit meinem Gesicht etwas nicht stimmte. Im Spiegel sah ich dann, dass meine rechte Gesichtshälfte nicht mehr funktionierte. Der Neurologe, den wir dann aufsuchten, verschrieb mir Tavor, ein auch heute noch häufig verschriebenes Präparat zur Beruhigung. Ein Benzodiazepin, somit ein Angstlöser und Beruhigungsmittel, allerdings auch mit erheblichem Abhängigkeitspotenzial. Wohlwissend um die Tragödie, die sich vor kurzem bei uns abgespielt hatte, bestand sein einziges Bezugnehmen darin, das Ganze als hysterische Facialisparese zu bezeichnen. Kein Wort zur Erklärung, keine Überweisung zur Gesprächstherapie, noch nicht mal der Ansatz, mir auf zumindest zwischenmenschlicher Ebene Verständnis zu zeigen. Im Vor-Google-Zeitalter war die Informationsbeschaffung noch wesentlich aufwendiger, ich probiere in Lexika eine Idee von der Krankheitsbezeichnung zu bekommen, aber fand außer altertümlichen und erschreckenden Bildern ausnahmslos von Frauen in hysterischen Zuständen nur die klare „take home message", dass es sich lediglich um eingebildete Krankheitsbilder von Frauen, die sich nicht im Griff hatten, handelte. Sicher habe ich diesen Arzt im Nachhinein als total unfähig verurteilt, aber in diesen Momenten des Unverständnisses kristallisierte sich mein „Das schaffst Du auch alleine"- Überlebensmodus heraus. So häufig sollte ich darauf noch zugreifen müssen, was mir sicherlich mein Leben hindurch auch eine enorme Kraft verlieh, aber heute sehe ich, dass ich dadurch unfähig wurde, nach Hilfe zu fragen und mich mit der Idee der Abtrennung identifizierte. Praktisch sah es so aus, dass ich anfing, mich zum Funktionieren zu zwingen. Ich fing mit kleinen Schritten an, bei mir zu bleiben, mithilfe meiner Hobbys wieder zu mir zu finden. Ich las, häufig brauchte ich für eine Buchseite Stunden, ohne mich an den Text noch erinnern zu können. Ich belohnte mich mit kleinen Stücken Schokolade und ich fing, an, Gedichte zu schreiben und betete irgendwas. Ich zwang mich zur Bewegung, konnte ich mich beim Sport zumindest wieder fühlen. Aus heutiger Sicht waren es genau die Schritte, die ich als Ärztin meinen Patienten heute empfehle, um aus Krisenzeiten wieder langsam ins Leben zurückzukommen. Hierbei will ich nochmals klarstellen, dass es sich bei meiner halbseitigen Gesichtslähmung, verbunden mit depressiver Stimmungslage, tatsächlich um einen klassischen psychogenen (oder auch dissoziativen) Symptomenkomplex handelte. Die Lähmung verschwand zusehends. Was dabei aber mehr zum Vorschein kam, war die Unfähigkeit, trauern zu können. Tatsächlich hatte ich seit dem Tod meines Vaters keine Träne vergossen. Als wir dann Monate später als Trosturlaub zu dritt nach Ibiza flogen, um uns etwas zu verwöhnen, stellte mir das Leben einen Helfer zur Seite. Mahdwa, ein Animateur des Clubs, in dem wir uns eingebucht hatten, war zuständig für Yoga und Entspannungsübungen. Ich freundete mich mit ihm an. Er sagte mir später, dass von mir eine fast greifbare Traurigkeit ausgegangen war. Durch Atemübungen und Handauflegen holte er dann eines Tages ganze Tsunamis an ungeweinten Tränen hervor, gefolgt von unbeschreiblicher Ruhe und Erleichterung. Ich bin Gott und ihm heute noch dankbar für diese Begegnung, sie war eine von vielen folgenden Engelbegegnungen. Liebevolle, helfende Freunde, die sich durch mein Leben zogen. Sicher hatte ich in all dem Unglück das Glück, zur richtigen Zeit den genau richtigen Menschen zu begegnen, aber ich fand eben auch in diesen Momenten die gesegnete Kraft, den Mut und das nötige Vertrauen, mich zu öffnen. Ich sehe das als Segen und diese Dankbarkeit ist in meinen allmorgendlichen, bis zum heutigen Tag bestehenden Dankgebeten ein beständiger Teil.

Was aber ist mit all den Menschen, die sich nicht öffnen können?

Sicherlich gibt es heutzutage tolle Bücher über Trauer und Schritte des Loslassens (siehe Buchempfehlungen), aber man muss sie lesen, das heißt auch Zugang zu ihnen haben. Man muss lesen können, man muss das Geld haben, die Bücher zu kaufen oder den nötigen Internetzugang zu E-Books haben. Man muss eine Krankenkasse haben, um sich Gesprächstherapien leisten zu können. Alles Dinge, die in Deutschland vielleicht selbstverständlich erscheinen, aber in so vielen anderen Ländern dieser Welt ein unerreichbarer Luxus sind. Dies durfte ich in all den Jahren in Afrika lernen. Worauf ich hinaus will, ist das: Wenn ein jeder achtsam mit sich und den anderen umgeht und dabei unweigerlich sieht, dass das Gegenüber leidet, sei es das Nachbarkind mit den traurigen Augen, der Sohn der Schwester, der nicht redet, der Arbeitskollege, der mit vierzig sozial vereinsamt alleine lebt; wenn wir eben Leid in seiner alltäglichen Form begegnen, dann sollten wir hingucken, Mitgefühl haben, ein Gespräch anbieten, die Hand reichen. Kleine Dinge haben einen unglaublichen Effekt, jeder weiß um das wundervolle Gefühl, das uns ein unerwartetes Lächeln schenkt. Die Ahnung, nicht alleine zu sein auf dieser Welt. Eine ernst gemeinte Frage nach dem Wohlergehen, das kleine große Wort „Danke". Oder die Frage: Kann ich helfen? Wir Menschen sind eine mächtige Einheit und jegliche helfende Hand oder ein Wort verbinden uns zu dieser Kraft der Liebe. Ganz langsam mit kleinen

Schritten kam diese Kraft auch zu mir zurück. Gerade rechtzeitig, um mich der nächsten Herausforderung stellen zu können.

10. Versöhnung

„Leise kam das Leid zu ihr,
trat an ihre Seite,
schaute still und ernst sie an,
blickte dann ins Weite.
Leise nahm es ihre Hand,
ist mit ihr geschritten,
ließ sie niemals wieder los,
sie hat viel gelitten.
Leise ging die Wanderung,
über Tal und Hügel.
Und uns war's als wüchsen still,
ihrer Seele Flügel."[7]
Autor unbekannt

Meine Mutter bemühte sich, wieder ins Leben zu finden, sie machte Reisen mit ihrem Bruder, überlegte wieder ins Berufsleben einzusteigen, suchte nach neuem Anschluss und sicherlich unter dem Druck unendlicher Diskussionen mit mir über ihre Alkoholkrankheit, entschloss sie sich sogar, eine Entziehungstherapie zu machen.

Ich fühle noch heute die immer wieder aufkommende Hoffnung bei unseren Gesprächen, dass jetzt

---

7 Quelle unbekannt

endlich eine Veränderung eintreten würde, dass sie einfach würde aufhören können zu trinken. Nur, um dann am nächsten Abend wieder eine frustrierte, vorwurfsvolle und trinkende Mutter vorzufinden. Und dann dieses lähmende Gefühl der Hoffnungslosigkeit und die unsägliche Frustration. Diese Idee, ich könnte jemanden retten, wenn ich nur hartnäckig genug dranbleiben würde, hat mich als Grundidee durch mein ganzes Leben begleitet. Es mussten Jahre vergehen, bevor ich begriff, dass es sich da um eine ganz klassische Co-Abhängigkeit(siehe Buchempfehlung: „Codependant no more" von Melody Beattie und „Um die Kindheit betrogen" von Janet G. Woititz)) handelte. Und wenn ich jetzt behaupten würde, es geschafft zu haben, die Co-Abhängigkeit geheilt zu haben, dann weiß ich zumindest jetzt, dass ich das niemals schaffen werde. Es ist eher so, sie nie zu vergessen, achtsam und liebevoll mit mir selbst zu sein und auf kleine Zeichen zu achten. Automatisierten Reaktionen entgegenzusteuern, die vielleicht von Außen betrachtet als Fürsorge, Mitgefühl und Empathie zu interpretieren wären. Aber eben nur von Außen. Unser Verständnis von Liebe wird in unseren frühen Jahren geprägt. Und damit eben maßgeblich durch die Liebe zu unseren Eltern. Durch das Verhältnis zu den Hauptbezugspersonen erfährt man sich schrittweise selbst, man bekommt sozusagen dadurch eine Idee der eigenen Definition. Hat man dominante Eltern, wird man sich in seiner eigenen Schwäche und Verletzlichkeit erfahren und erkennen. Und in eben dieser Beziehungsdefinition auch das eigene

Verständnis von Liebe entwickeln. Tochter einer lebensfrohen, aber sehr labilen Mutter und eines liebevollen, aber sehr sensiblen Vaters habe ich mein Liebesverständnis dahingehend entwickelt, dass lieben heißt, für und um den anderen zu sorgen, Verantwortung zu übernehmen, für das geliebte Gegenüber stark zu sein. Klingt vordergründig eigentlich richtig gut, aber die Gefahr, sich darin zu verlieren, um dann irgendwann nicht mehr zu wissen, wo man selbst abgeblieben ist und sich darüber zu definieren, was man für den oder die anderen bedeutet, ist sehr groß.

Weniger als ein Jahr nach dem Tod meines Vaters wurde bei meiner Mutter Darmkrebs festgestellt. Heute weiß ich als Arzt, dass zum Zeitpunkt der Diagnosestellung die Prognose schon denkbar schlecht war. Aber als Patient und Angehöriger hört man am Anfang des Diagnose- und Behandlungsberges eben erst mal nur die hoffnungsvollen Dinge heraus. Dazu kam noch der denkbar ungünstige Seelenzustand meiner Mutter, damals noch mehr als heute wurde dem ganzheitlichen Ansatz der Heilung von Körper, Geist und Seele kaum Beachtung geschenkt. So starteten wir das volle, übliche Programm von Operation und Chemotherapie. Die notwendigen pflegerischen Dinge wie zum Beispiel die Pflege des temporären, künstlichen Darmausganges übernahm ich. Den Moment, als sie nach der ersten Chemotherapie dann ihre Haare wusch und ich versuchte, aus den verklumpten Haarbüscheln auf ihrem Kopf noch ein paar Haare zu retten und viel wichtiger, ihr zu vermitteln, dass dieser Haarverlust doch nur im Außen geschah, werde ich nie vergessen. Die dabei gemeinsam geweinten Tränen verbanden uns sehr und sollten nicht die Einzigen bleiben.

Wie so oft im Leben kann man erst Jahre später die wahre Bedeutung der Dinge richtig erkennen. So konnte ich dann in meinem späteren Berufsleben als Krebsärztin voller Mitgefühl unter anderem diese Nebenwirkung verdeutlichen, mit der so wichtigen Erkenntnis, dass durch den Verlust der Haare auch ein Teil der eigenen Dignität verloren geht. (Nicht umsonst wurde und wird in Lagern zur Demütigung der Kopf geschoren.) Und auch wohlwissend um den rein äußerlichen Aspekt des Haarverlustes, ist dieser als sinnbildlicher Trauerakt des Loslassens zu verstehen und war eines der zentralen Themen in der Aufklärung der Krebsbehandlung. Oft allerdings auch eine große Chance, wahren Humor miteinander zu erleben, auch später dann bei komischen Momenten mit „Johnny", der Perücke meiner Mutter, die es sich bisweilen zu eigen machte, genau im falschen Moment zu verrutschen oder an irgendeinem Ast hängen zu bleiben. Auch diese schwere Zeit der Behandlung ging vorüber, meine Mutter gab ihr Bestes, um wieder im Alltag anzukommen. Sie versuchte viele Dinge, die ihr etwas Beständigkeit und Bestätigung geben konnten, ehrenamtliche Tätigkeiten, körperliche Betätigung. Nur fehlten ihr Halt und Glauben. Für mich kann wahre Hilfe und Heilung einzig aus der Spiritualität heraus geschehen. Der Zugang dazu, ob in Form von Religiosität jeglicher Glaubensrichtung, universaler Kraft, Meditationen, Naturreligionen ist für jeden Menschen individuell komplett verschieden und frei. Die daraus entstehende Erkenntnis ist, den Sinn unseres Daseins einzig und allein im achtsamen Erleben des Jetzt und die Bewusstheit des eigenen Seins in jedem Moment zu erkennen. Ein hoher Anspruch, aber für fast alle Menschen in irgendeiner Form schon da gewesen, wenn auch nur in kleinen Momenten, Situationen höchsten Glückes; Geburt, Liebe, Naturerlebnisse, physischer und psychischer Leistungen oder höchsten Leides; Tod eines geliebten Menschen, Gefahr, Leid. Und all diesen Momenten gemein ist das Gefühl, als ob die Zeit anhält, das Fühlen von grenzenloser Ruhe und Frieden. In diesen Momenten ist unsere ganze Achtsamkeit im jetzigen Moment ohne quälende Gedanken über Vergangenheit und Zukunft. Diesen Seelenfrieden zu finden ist möglich, auch im Alltag und trotz bestehender Probleme eben durch Spiritualität und Üben der Achtsamkeit. Voller Bewunderung durfte ich dies bei meinen Patienten erfahren, die diese harten Prüfungen des Lebens dazu umwandelten, um vollkommene Dankbarkeit über die selbst kleinsten Dinge zu üben. Menschen in Schmerzen, die mich fragten, wie es mir ginge und für mich beteten, andere Patienten im Wartezimmer den Vortritt ließen, weil sie der Meinung waren, die anderen hätten Hilfe nötiger; um nur einige von endlosen Beispielen gelebter Achtsamkeit zu nennen. Noch heute kann ich nicht beantworten, ob meinen Eltern gläubig waren, es wurde auch darüber nicht geredet. Nun, auch bei meiner Mutter trat eine Wandlung ein. Ist doch bei einem

Menschen, der in irgendeiner Form von Abhängigkeit gefangen ist, eine starke Egozentrik vordergründig. Ein Drehen um sich selbst, da das Hauptsymptom der Unfreiheit auch eine Endlosschleife der entsprechenden Gedanken und Emotionen bedeutet. In Momenten der Nüchternheit, die totale Wucht der durch das klare Erkennen der bestehenden Situation anflutenden Schuld. Und dieser zu eigen ist eine negative Klebrigkeit, ein dunkles Anhaften, dass nur durch Wiederaufnahme des Suchtobjektes zu bewältigen ist. Als meine Mutter für sich erkannt haben musste, dass eine wirkliche Heilung nicht mehr möglich war, trat mit einer Einfachheit ihre Alkoholsucht schlicht und still in den Hintergrund wie ein stilles Verschwinden im Nichts. Ihr unglaublicher Humor kam zurück, ihre alte Kraft und Stärke kehrten zu ihr zurück und ihr zu Hilfe, und sie ertrug das auf sie wartende Leid ohne Hadern. Tatsächlich wird mir erst jetzt beim Schreiben dieser Zeilen bewusst, dass ich sie eigentlich nie habe klagen hören.

In diesem Moment, in dem ich dieses Kapitel schreibe, sitze ich in einem Kloster, in das ich mich als Teil meines Sabbatical-Jahres für drei Monate zurückgezogen habe. Diese Zeit bedeutet den Abschluss dieses Jahres, eines Jahres voller neuer Erfahrungen und Eindrücke, mutiger Entscheidungen, schwerem Loslassens, neues Hingeben in den Fluss des Lebens mit dem selbst gesetzten Ziel, einmal nicht Gott ständig ins Handwerk zu pfuschen, und ein Jahr, das ich dem Schreiben dieses Buches gewidmet habe. Ein Abschluss, dem ich voller Achtsamkeit die nötige Ruhe, Zeit und Stille für Kontemplation zugestehe. Feste Gebetszeiten, gute Mahlzeiten im Schweigen, beeindruckende Begegnungen, berührende Musik und Gesänge bewirken in mir ein staunendes Anhalten. Für einen Menschen, der sich eher als „human doing" denn als „human being" bezeichnen würde, ist es, als ob ich meiner Seele die schon überfällige und von ihr lang ersehnte Ruhe schenke. Sie dankt es mir, indem sie mir fast unaufhörlich Bilder schenkt, Bilder von früher, schöne, traurige, längst vergessene, willkommene und auch sehr unwillkommene Szenen vor der Leinwand meines Geistes. Und so auch heute Abend beim abendlichen Orgelspiel war es plötzlich da, das Sterben meiner Mutter. Jetzt und hier nach mehr als drei Jahrzehnten, nach all den Jahren beruflicher Sterbebegleitungen mit voller Wucht und Klarheit, Stationen ihrer Erkrankung, ihres Leides und sehr leidvollen Loslassens ihres Lebens. Nicht, dass es das erste Mal wäre, aber die Klarheit der Bilder und das Bewusstsein, dass der Zeitpunkt, der Moment wirklicher Heilung zu uns kommt, wenn man es nicht erhofft, ersehnt, erfleht, stehe ich mit Staunen gegenüber. Dass Heilung in verschiedenen Ebenen passiert und auch, wenn die von uns so erhoffte körperliche Heilung nicht mehr möglich ist, auf Seelenebene eine tiefgreifende, alles umfassende Heilung und ein Ganzwerden geschieht. Dies ist ein Prozess, der dem Sterben inne ist und wenn er durchlaufen wird, dem Sterbenden große Ruhe und Vertrauen schenkt. All diese Emotionen über das Sterben meiner Mutter, so vertraut und dann doch unerwartet fremd. Ich hatte es einfach nicht mehr angerührt, in der Annahme das Kapitel sei abgeschlossen. Es ist ein gnadenvoller Moment der Versöhnung, Vergebung und Heilung. Ich fühle, dass meine Mutter wieder da ist, wo sie hingehört, in all ihrem wunderbaren Sein. Und dies war all die Jahre überlagert von Groll.

11. Abschied

> *„Er wusste nur vom Tod was alle wissen,*
> *dass er uns nimmt und in das Stumme stößt.*
> *Als aber sie, nicht von ihm fortgerissen, nein,*
> *leis aus seinen Augen ausgelöst,*
> *hinüberglitt zu unbekannten Schatten,*
> *und als er fühlte, dass sie drüben nun*
> *wie einen Mond ihr Mädchenlächeln hatten*
> *und ihre Weise wohlzutun,*
> *da wurden ihm die Toten so bekannt,*
> *als wäre er durch sie mit einem*
> *jeden ganz nah verwandt.*
> *Er ließ die andern reden und glaubte nicht*
> *und nannte jenes Land, das gut gelegene,*
> *das immersüße –*
> *und tastete es ab*
> *für ihre Füße."*[8]
> Rainer Maria Rilke

Ich war inzwischen neunzehn Jahre alt und machte nach bestandenem Abitur in unserem Kreiskrankenhaus ein soziales Jahr. Und in diesem Jahr sollte meine

---

[8] Quelle: Rainer Maria Rilke „Die Gedichte" Seite 486 „Der Tod der Geliebten" Insel Verlag Frankfurt 2006

Mutter mit kurzen Unterbrechungen ihr letztes Lebensjahr verbringen. Ich sehe diese schöne große Frau mit nur noch vierzig Kilogramm Gewicht, in ihrem Gesicht die nun viel zu groß gewordenen Jacketkronen (sie hatte sich in den siebzigern von ihrer bezaubernden Zahnlücke getrennt und ihre gesunden Zähne überkronen lassen), ihre wunderschönen Hände und Füße, deren Pedi- und Maniküre ich bis zuletzt übernommen habe. Für mich waren und sind Hände und Füße von hoher Aussagekraft über den dazugehörigen Menschen, als ob man all die Dinge, die sie berührt haben, all die Flächen, die sie betreten haben, noch in ihnen sehen kann. Als Ärztin war es für mich immer ein besonders berührender Moment, die Hände und Füße meiner verstorbenen Patienten ein letztes Mal zu sehen. Meine Mutter hatte zeitlebens lackierte Fingernägel, so wie sie auch immer nur sehr gepflegt, mit dezentem Make-up und schöner, geschmackvoller Kleidung vor die Türe ging. Selbst noch bei ihrer ersten Operation, zu der ich sie bis zur Schleuse begleitete, der Narkotiseur war ein charmanter, gutaussehender Mann, was meine Mutter ihm enthemmt durch die Medikamente, auch gleich unverblümt durch Komplimente bestätigte. Durchaus davon angetan schickte er mich aber unbeirrt los, um Nagellackentferner zu holen, weil er während der Narkose die Nagelbettverfärbung als Zeichen etwaigen Sauerstoffmangels im Auge behalten wollte. Ich sehe mich, wie ich vor einem langen Arbeitstag mit frischen Brötchen sie zum Frühstücken überrede und nach einem langen, anstrengenden Tag neben ihr auf dem Krankenhausbett für einen Moment einschlafe, ich sehe ihren Blick in den Spiegel mit den Worten „Wenn ich nach Hause komme, dann müssen wir erst mal neue passende Kleider shoppen" (Shopping war unser beider Lieblings-Therapie-Hobby, all meine Liebeskummer-T-Shirts zum Trost von ihr gekauft). Ich sehe all diese Erinnerungsmomentaufnahmen ohne eine Erinnerung an ein Gespräch über ihren nahen Tod, das Sterben war einfach immer anwesend, es stand immer mit im Raum wie ein komischer Geruch. Ein einziges Mal, beim Waschen ihrer Haare, hielt sie meine Hände mit der Frage, ob wir zwei Mädchen das wohl alleine schaffen werden. Meine Mutter war zeit ihres Lebens eigentlich immer und überall zu spät gekommen, mit einem charmanten Lächeln auf den Lippen, welches den Wartenden meist den Wind aus den wütenden Segeln nahm, aber an dem frühen, sehr heißen Sommermorgen im August wählte sie einen perfekten Zeitpunkt, es war exakt der letzte Arbeitstages meines Jahres in diesem Krankenhaus, und sie schlief nach stundenlangem Loslasskampf pünktlich zu einem wunderschönen Sonnenaufgang friedlich ein.

12. Leben im Jetzt

Als Europäer in Afrika zu leben und zu arbeiten, bedeutet meist, einen recht guten Lebensstandard zu haben. Die Schere zwischen arm und reich ist in der dritten Welt sehr weit klaffend, was eine recht hohe Kriminalität zur Folge hat. Meist simple Beschaffungskriminalität, nur ist leider die Bereitschaft zu töten, um an das Gewünschte zu kommen, deutlich höher als in Europa. In Namibia gibt es zu fast neunzig Prozent Christen, was nicht nur eine Zahl ist, sondern meist auch gelebtes Christentum bedeutet, unsere Patienten hatten auf ihren weiten Reisen zu unserem Behandlungszentrum in Windhoek meist die Bibel dabei, wenn nur ein Buch gelesen wurde, dann war es die Bibel. Für mich als Christin war es wunderschön, diesen Alltagsglauben zu erleben, oft wurde bei Verabschiedungen ein Segenswunsch für die ganze Familie mitgegeben. Wie oft durfte ich hören, dass die Patienten für mich und meine Gesundheit beteten und meine Hände beim Abschied segneten. Gemeinsames Beten am Bett des Patienten war keine Seltenheit und auch ich durfte für die Gesundheit meiner Patienten Segenswünsche aussprechen. Oft musste ich bei der Vorstellung, dies in Deutschland zu tun, schmunzeln, dort wäre eher der Gedanke aufgekommen, was ich wohl für eine schlechte Ärztin sei, wenn ich sogar anfinge zu beten! Was es aber bedeutet, die tägliche Bedrohung des eigenen Lebens auszuhalten, durfte ich von meinen angolanischen Patienten lernen. Angola ist das zum Norden hin angrenzende Nachbarland von Namibia. In der Zeit der Entkolonialisierung geriet dieses schöne und fruchtbare Land als ehemalige portugiesische Kolonie quasi als Zankapfel dreier rivalisierender Befreiungsbewegungen in die schier endlose Bürgerkriegsmühle. Namibia war zu dieser Zeit noch durch Südafrika besetzt und wurde von diesem als Standort für Angriffe genutzt. Verlief zum Beispiel die Befreiung Mosambiks ohne ernsthafte Schwierigkeiten, dauerte in Angola der Bürgerkrieg siebenundzwanzig schreckliche Jahre und kostete schätzungsweise fünfhunderttausend Menschen das Leben. Erst 1988 brachte der Dreimächtevertrag zwischen Angola, Kuba und Südafrika zwar Namibia die Unabhängigkeit, aber der Krieg zwischen der Regierung Angolas und den Rebellen sollte noch Jahre weitergehen. Erst der Tod des Rebellenführers Savimbi führte zum Unterzeichnen des Waffenstillstandes, der noch heute besteht. Die gesamte Infrastruktur des Landes war quasi zerstört und somit war auch die medizinische Versorgung miserabel. Nach und nach kamen die Angolaner, die sich die Reise und die Behandlung leisten konnten, nach Namibia und somit auch angolanische Krebspatienten zu uns in die Krebsklinik. Allen gemein war eine unbändige Lebensfreude, die Freude am bloßen Sein, an gutem Essen im Kreise von Familie und Freunden, an schönen Kleidern und vor allem daran, sich frei bewegen zu können. Angola ist bis heute noch nicht von allen Landminen befreit, diese wurden im Laufe des

Bürgerkrieges oft nicht nach festem Schema verlegt, sondern ohne Muster per Hand, was das Entschärfen umso schwieriger macht. Schätzungen sprechen von bis zu hunderttausend Menschen, die mit Amputationen leben müssen.

Da kommt mir eine Szene in den Sinn. Ich war zu einem Braai (zum Grillen) eingeladen. Es muss circa 2008 gewesen sein. Es waren sehr unterschiedliche Menschen dort mit allerlei Berufen, Tierärzte, die in Wildcamps arbeiteten, der Braumeister aus der Windhoeker Brauerei, Logistiker und Kollegen aus den Staatskrankenhäusern. Als die Hitze sich über die Stadt gesenkt hatte und die so sehr zu den afrikanischen Lauten gehörenden Grillen ihren Gesang starteten, setzte sich ein etwa 35-jähriger Mann an den Flügel. Fast schon klischeehaft standen ein Glas und eine halb volle Flasche Whiskey neben ihm. Ich weiß noch wie heute, dass ich sofort Gänsehaut bekam, als er zu spielen anfing, ich weiß nicht mehr, was er spielte, aber wie er spielte, war so intensiv und berührend. Wir kamen später miteinander ins Gespräch und er erzählte mir, dass er schon mehr als zehn Jahre als Landminen-Entschärfer in Angola arbeite. Dass er jeden Morgen mit der Ungewissheit zu Arbeit fuhr, ob vielleicht dieser eine Tag sein Letzter sein würde. Von der Anspannung unter der afrikanischen Sonne verschwitzt und staubig, sich mit unendlicher Geduld langsam durch den sandigen Boden zu arbeiten. Dass er mal eine Frau gehabt habe, die aber die Angst als ständigen Begleiter nicht mehr ausgehalten habe. Von dem Loslassen des Wunsches, mal Vater sein zu können. Von dem Anblick der durch Amputation entstellten Kinder, den er manchmal nicht mehr ertragen kann. Und davon, dass er dann eines Tages angefangen hat, zu seinem abendlichen Pianospiel täglich bis zu einer Flasche Whiskey zu trinken und dass damit endlich die Schlaflosigkeit ein Ende gefunden hat. Das Spiel am Klavier war wohl so etwas wie ein Tagebuch für ihn, dem er ohne jegliche Wertung seine Gefühle, Empfindungen, Ängste und Erleben anvertrauen konnte. Ich weiß nicht, was aus ihm geworden ist, die Entschärfung dauert aber in manchen Landstrichen noch bis heute an.

13. Unverständnis

> *„Du musst das Leben nicht verstehen,*
> *dann wird es werden wie ein Fest*
> *und lass Dir jeden Tag geschehen*
> *so wie ein Kind im Weitergehen*
> *von jedem Wehen sich*
> *viele Blüten schenken lässt.*
> *Sie aufzusammeln und zu sparen,*
> *das kommt dem Kind nicht in den Sinn.*
> *Es löst sie leise aus den Haaren*
> *drin sie so gern gefangen waren,*
> *und hält den lieben jungen Jahren*
> *nach neuen seine Hände hin."*[9]
> Rainer Maria Rilke

Clarissa war ein Sonnenschein. Sie war auf eine bezaubernde Weise von tiefer, etwas dunkler Schönheit. Große, dunkelbraune Augen und wunderschöne braune, lange Locken, ihre Mutter kam mit ihr zu unserer ambulanten Sprechstunde und wir besprachen mit beiden den langen Behandlungsplan, den sie vor sich hatte. Sie war an einer aggressiven Art akuter Leukämie

---

[9] Quelle: Rainer Maria Rilke „Die Gedichte" Seite 165 aus „Mir zur Feier" Insel Verlag Frankfurt 2006

erkrankt, sodass wir umgehend mit der Chemotherapie begannen. Sie war erst achtzehn Jahre alt. Sie hatte soeben sehr erfolgreich ihre Highschool abgeschlossen und war im Begriff, nach Südafrika zum Studium zu gehen. Als sie wegen immer wiederkehrender Infekte und Müdigkeit bei ihrem Hausarzt vorstellig wurde, überwies dieser sie nach Befundung des Blutbildes umgehend zu uns. Bei einem so ausgedehnten Therapieprogramm ist es besonders wichtig, mit den Patienten immer erst mal nur die nächsten Schritte zu besprechen, da der gesamte Behandlungsumfang einen scheinbar unüberwindbaren Berg bedeuten würde. Sie meisterte all das mit Bravour, sie schenkte uns ihr bezauberndes Jungmädchenlächeln, war immer ein wenig wie eine Märchenprinzessin gekleidet und hatte trotz der anstrengenden Chemotherapie eine Leichtigkeit an sich. Sie hatte gute Freundinnen, die sie öfters begleiteten. Ich sehe sie noch im Krankenhausbett liegen, umringt von ihren laut lachenden und quasselnden Freundinnen. Sie klagte nie, auch nicht, als ihre schönen Locken begannen auszufallen. So überstand sie die einleitende Induktionstherapie und wir konnten sie zur weiterführenden Therapie in ein hämatologisches Zentrum nach Südafrika überweisen. Die Stammzelltransplantation verlief problemlos, ihre Mutter hielt uns auf dem Laufenden.

Sie besuchte uns nach überstandener Tortur und noch immer hatte sie etwas von einer verträumten Tänzerin, sie berichtete uns voller Lebensfreude und Vertrauen, dass sie schon das nächste Semester an der Universität in Kapstadt beginnen könne. Viele unserer „Krebskinder" besuchten uns regelmäßig und erzählten von ihren Plänen, vom Leben nach der Krankheit, und welch eine große Freude war es immer, wenn sie dann mit ihren Partnern und Kindern zu uns kamen! Unsere wundervollen Schwestern in ihren Trachten mit den kleinen Mockeln auf dem Arm. Es waren viele, denen wir helfen konnten, viele, die ihre Chemozeit wohl nie vergessen werden, viele, die aber ihr neues Leben nach der Krankheit voller Dankbarkeit in Angriff nahmen. So auch Clarissa. Es müssen wohl ungefähr zwei Jahre vergangen sein, sie kam zur regelmäßigen Nachsorge alle 3 bis 6 Monate zu uns zur Kontrolle, alles sah gut aus. Auch jetzt wieder sehe ich diesen Moment ganz klar vor mir, manchmal denke ich, dass unser Leben wirklich nur aus wenigen wichtigen Augenblicken besteht, die sich zu einem Ganzen fügen, Momente, in denen das Leben plötzlich anhält, wie in Zeitlupe. Ich war gerade bei meiner Chefin in ihrem Zimmer, um mit ihr Patienten zu besprechen, als sie einen Anruf erhielt. Clarissa hatte sich beim Spielen mit einer Katze eine Hautverletzung zugezogen, ein Arzt hatte ihr die Wunde versorgt, aber nicht das Gesamtbild beachtet, dass sie auf Medikamenten war zur Unterdrückung ihres Immunsystems wegen der vorangegangenen Therapie und Transplantation. Sie starb an einer Sepsis (Infektion oder auch Blutvergiftung) in einem dortigen Krankenhaus. Es war eine große Beerdigung, die Kirche war bis auf den letzten Platz besetzt, all ihre Freunde, die teilweise Reden hielten, viele Blumen und ach so viel Tränen. Ich weiß nicht genau, was ich fühlte, aber neben der Trauer waren wohl auch Wut und ohnmächtiges Unverständnis. Immer wollte ich das Leben begreifen, Abläufe verstehen, Menschen in ihrem Verhalten erkennen, Situationen analysieren, Spiritualität greifbar machen, Leid bekämpfen und Wunder erklären. Jetzt weiß ich, dass ich das nie werde können, ich verstehe herzlich wenig von dieser Welt, Menschen und deren Reaktionen sind mir oft fremd geworden. Was bleibt, ist mehr und mehr im Jetzt zu leben, mein Bestes zu geben, mich an Wundern zu freuen und von ihnen berühren zu lassen, ich bemühe mich ehrlich mit mir zu sein und wenigstens versuchen will ich es, das Leben nicht mehr verstehen zu wollen.

14. Grenzen der Belastbarkeit

Die Sonne in Afrika ist ohne Erbarmen. Im Luxus schattiger, kühler Häuser ist sie ein Segen, das wundervolle Licht, welches einen jeden Morgen begrüßt, tut der Seele gut, lässt uns das lebenswichtige Vitamin D bilden, hebt die Stimmung und gibt Energie. Schenkt uns speziell in Namiba das unglaublichste Licht zum Fotografieren. Lässt die Farben der Blumen umso brillanter leuchten. Zaubert in die Federn der artenreichen Vogelwelt die tollsten Reflexe im bunten, leuchtenden Gefieder. Erlebt man die Sonne ohne Schutz im freien Feld, im Busch in der Kalahari, wenn man auf der Jagd ist und Stunden einem verletzten Tier hinterherjagt, um es von seinem Leid zu erlösen, oder bei den ach so vielen Reifenpannen am Straßenrand liegt und auf Hilfe wartet, dann trifft einen die Härte unseres Lebenssterns ohne Erbarmen. Die pigmentierte Haut der Ureinwohner, über jahrhunderterlanger Evolution an diese Herausforderung angepasst, bildet nur einen relativen Schutz, denn auch dunkle Haut kann Hautkrebs bekommen. Kommt allerdings unsere europäische helle Haut in dieses Land, ist sie der Sonne quasi schutzlos ausgeliefert. Viele in zweiter oder dritter Generation lebende deutschstämmige Menschen erleben deshalb meist in Kinderjahren mehrere Sonnenbrände. Und diese frühen Sonnenbrände in Kinderjahren sind eines der Hauptrisikofaktoren für die Entwicklung von

Hautkrebs. Unsere Haut ist mit einem tollen Reparaturdienst ausgestattet, so wie eben unser wundervoller Körper permanent für uns arbeitet, auch nachts in unserer Ruhephase werden Zellen begutachtet, repariert oder aussortiert. Dieses System unterliegt aber ebenfalls einem Alterungsprozess und so kommt es im Verlauf der Jahre zu Fehlern oder Ungenauigkeiten, und dies kann dann zur Entartung der Zellen führen. Gesunde Zellen verfügen über ein perfektes Sicherheitssystem, Apoptose genannt. Sozusagen ein kontrollierter Zell-Selbstmord zum Schutz vor Wucherungen, wie es beispielsweise bei Tumoren der Fall ist. Nicht nur bei bösartigen, Krebs genannt, sondern auch bei gutartigen wie zum Beispiel bei Warzen, bei denen es durch Virenbefall der Zelle (humane Papillomaviren) zu überschießendem Wachstum kommt. Kranken Zellen fehlt dieses Schutzsystem. Bei dem malignen Melanom oder auch schwarzem Hautkrebs geht das bösartige Zellwachstum von den Pigmentzellen (Melanozyten) aus. Leider neigt er dazu, früh zu metastasieren (in die Lymph- oder Blutbahnen zu streuen).

Marlies, eine Südafrikanerin mit holländischen Vorfahren, kam als Kind mit ihren Eltern nach Namibia. Sie hatten eine kleine Farm bei Usakos, im Hinterland der Küste. Sie wuchs dort auf mit ihren Geschwistern, alle mit rotblonden Haaren und heller Haut. Sonnenschutz wurde damals nicht groß beachtet und auf der Farm spielt sich das Leben im Freien ab, im Kraal bei den Rindern oder Ziegen. Die typischen Farmautos sind Buggys mit offener Ladefläche, um alles transportieren zu können, die Kinder, Farmangestellte, Werkzeug, verletzte Tiere. Als Marlies zu uns in die onkologische Ambulanz im Staatskrankenhaus kam, war der weit fortgeschrittene Hauttumor nicht zu übersehen. Es handelte sich um einen besonders bösartigen Melanomtyp, der frühzeitig zu streuen beginnt. Sie hatte den schnell wachsenden Fleck auf ihrem Unterschenkel wohl bemerkt, bis sie ihn aber bei ihrem Doktor entfernen ließ, waren schon die Lymphknoten geschwollen. Die staatliche Krebsklinik, in der ich nun schon mehrere Jahre arbeitete, war verantwortlich für sämtliche Krebspatienten des Landes. Sie war Teil eines der beiden Staatskrankenhäuser der Hauptstadt. Es gab eine Ambulanz, in der Neupatienten sowie Verlaufspatienten betreut wurden. Dort erfolgte unter anderem die Diagnosestellung mit Einteilung des Stadiums der Erkrankung, Festlegung des Therapieprogrammes unter Einbeziehung der Radiologen, Pathologen und Chirurgen. Sowie regelmäßige „combined clinics" mit den Kollegen anderer Fachrichtungen, Urologen, Gynäkologen, Hals-Nasen-Ohren-Ärzte, um nur einige zu nennen.

Meine Chefin und ich betreuten die medizinische Onkologie, das heißt, wir untersuchten die Patienten, besprachen mit ihnen die Befunde und erklärten die von uns ausgearbeiteten Chemotherapien mit ihren Effekten und Nebenwirkungen. Die Patienten wurden meist in Bussen gebracht, die nach festem Terminplan aus allen Teilen des großen Landes in die Hauptstadt fuhren. Um diese Busse zu erreichen, mussten viele der Patienten oft viele Kilometer zu Fuß oder mit dem

Eselskarren zurücklegen. In Hitze und oftmals unter großen Schmerzen. Durch die enorme Zahl der Patienten waren wir unter sehr großem zeitlichen Druck und konnten oft nur ansatzweise versuchen, die so wichtige Zuwendungsmedizin in das gesamte Programm zu integrieren. Patienten, die bedingt durch das Ausmaß der Erkrankung nicht transportfähig waren, wurden einmal im Monat im Norden des Landes im dortigen Staatshospital gesehen. Dazu flogen abwechselnd meine Kollegin und ich frühmorgens mit einem kleinen Flugzeug der staatlichen Fluggesellschaft in den Norden des Landes. Meist in Begleitung von Erna, der unentbehrlichen empathischen Übersetzerin. Dort angekommen ging es gleich über staubige Sandstraßen (cravel roads) zu dem circa 40 km entfernten Staatskrankenhaus, vorbei an Mahangofeldern und Oshonas, Flussläufe, die nur in der Regenzeit Wasser führen und das Flutwasser aus Angola auffangen. Dann werden sie zur Hauptquelle der beliebten kleinen Speisefische. In der Klinik angekommen wurden wir von den dortigen Krankenschwestern sowie von den meist schon Stunden bis Tage wartenden Patienten empfangen. Wir sahen dann in den folgenden 2–3 Tagen bis zu 600 Patienten. Die üblichen Chemotherapeutika hatten wir vorbestellt, den Rest brachten wir mit. Es war heiß dort. Kleine Ventilatoren versuchten zumindest die Illusion von einer erfrischenden Brise zu geben, teils verhinderten sie auch recht erfolgreich das Landen der in der Regenzeit zahlreichen Moskitos. Wie schon erwähnt, hatten die Patienten auch hier im bevölkerungsdichtesten Gebiet

Namibias manchmal Tage zu reisen, um dann mit einer unglaublichen Geduld im Innenhof auf unser Aufrufen zu warten. Dankbar wurde die vom Staat übernommene und von den Helfern ausgeteilten Essensrationen begrüßt. Dankbar wurden auch wir begrüßt, wenn die Patienten auch erst am späten Abend gesehen werden konnten. Dankbar, freundlich und lächelnd. Die Frauen oft in ihren schönsten Kleidern. So oft mit kleinen Geschenken für uns. Selbst geflochtene Körbe, in die sie unsere Namen einflochten. Selbst gemachte Stoffpuppen. Das wohl wertvollste Geschenk war eine Tüte voller Mopane-Würmer, eine extrem proteinreiche Wurmart, dessen Sammeln und Abklauben von den Mopane-Bäumen eine äußerst anstrengende Arbeit ist. Ich habe nie auch nur ein Wort der Beschwerde gehört, keine Vorwürfe über die Umstände, über das Warten. Immer nur bescheidene Freundlichkeit. Die Schwestern und Pfleger begegneten dem enormen Arbeitspensum mit stoischer Ruhe. Oft hatten die Patienten sehr große, teils blutende Tumore, auch die Wundversorgung mit oft enormer Geruchsbelastung wurde klaglos getan. Kamen dann die teils schwerkranken Patienten an die Reihe, wurden zuerst einmal wir nach unserem Befinden und dem unserer Familien befragt. Es war zumindest zu dieser Zeit eine feste rituelle Tradition bei Begegnungen, sich nach einem festgelegten Ablauf gegenseitig nach dem Gegenüber, dessen Familie und zuletzt nach den Rindern oder Ziegen zu erkundigen. Es gibt in den meisten ethnologischen Sprachen Namibias interessanterweise kein Wort für Danke. Das dankbare

Annehmen eines Geschenkes oder von Hilfe gilt als Dank genug. Und dieses Schenken der Aufmerksamkeit oder auch einer Tüte Mopane-Würmer bedeutet auch immer eine damit entstandene Verbundenheit oder, wenn man so will, Abhängigkeit vom Schenker siehe Buchempfehlung : „Einladung zur Dankbarkeit" von David Steindl-Rast). Mir fällt oft auf, dass Menschen in der westlichen Welt in Europa damit häufig ein Problem haben, vor allem Hilfe in jeglicher Art dankbar anzunehmen. Es ist schwer zu beschreiben, aber die Begegnungen mit den Patienten waren immer eine Art von Geschenk, sie nahmen meine Zeit, meine Zuwendung, mein medizinisches Wissen dankbar an und gleichzeitig schenkten sie sich mit Vertrauen in unsere neu entstandene abhängige Beziehung. Das Arbeiten als Arzt in der ersten Welt hat im Gegensatz dazu häufig ein Erwarten von etwas, das dem Patienten quasi zusteht. Die ärztliche Versorgung rund um die Uhr.

Zurück zu Marlies. Sie wurde von Freunden in unsere onkologische Ambulanz gebracht, da sie mit dem erkrankten Bein nicht mehr selbst fahren konnte. Sie war eine sehr attraktive Frau Mitte 40, blonde Haare in Kurzhaarschnitt, sie hatte ein sehr gepflegtes Erscheinungsbild. Das betroffene Bein hatte den doppelten Umfang und die knotigen tumorösen Veränderungen hatten leider schon zu offenen Wunden geführt. Die erste Zeit sprach sie recht gut auf die Therapie an, was mir die Zeit schenkte, ihr klar zu machen, dass es sich bei der Therapie nur noch um eine sogenannte symptomatische handelte. Wir besprachen eingehend die

Schmerztherapie und organisierten zusammen mit ihren Freunden die bald anstehende Betreuung zu Hause. Bei den Tumoren handelte es sich um Satelliten des Primärtumors, sie hatte zu diesem Zeitpunkt keine Metastasen in Organen. In die offenen Wunden hatten sich Maden gesetzt. Eine natürliche Art der Wundsäuberung, die auch in der medizinischen Pflege genutzt wird, aber eine unvorstellbar große psychische Belastung. So auch der Geruch. Sie klagte nicht. Sie hinterfragte nicht. Sie haderte nicht. Sie begrüßte mich immer mit ihrem hübschen Lächeln in einem bis zuletzt perfekt geschminkten Gesicht und entschuldigte sich dann sehr für den Geruch. Sie hatte nicht den Segen eines Metastasen-bedingten, lebenswichtigen Organausfalls. Sie hat tapfer gelitten bis zum bitteren Ende. Bei ihrem letzten Besuch in unserer Klinik verabschiedete ich mich von ihr, sie dankte mir. Und ich war verzweifelt, ich war unfassbar wütend, ich war wütend auf das Leben, auf Gott, auf diese Krankheit, und ich fühlte mich schuldig. Schuldig, dass ich ihr nicht hatte helfen können.

Es folgten noch so viele.

Der 12-jährige Henning, erkrankt an Ewing Sarkom; ein vor allem im Kindesalter auftretender Knochenkrebs; der mich wenige Wochen vor seinem Tod fragte, ob Haustiere als Erste wissen, dass man stirbt, da sein über alles geliebter Dackel nicht mehr von seiner Seite wich.

Der 45-jährige Gerhard, der immer in Begleitung seiner Frau und seiner zwei Söhne zur Behandlung kam und dessen Plattenepithelkarzinom, eine destruierende, von der Schleimhaut ausgehende Hautkrebserkrankung, langsam sein Gesicht wegnahm und dessen Familie in wundervoll geteiltem Leid bis zuletzt nicht von seiner Seite wich und der im Wartezimmer anderen Patienten den Vortritt ließ.

Antoinette, eine bildschöne Power- und Farmersfrau aus Rundu, die nach jahrelang stabilem Verlauf ihres Brustkrebses ein Brustwandrezidiv bekam und deren quälende Schmerzen ich noch nicht einmal mithilfe eines von mir zugezogenen Anästhesisten unter Kontrolle bringen konnte.

Jaco, ein 42-jähriger alleinerziehender Mann mit in den rechten Arm metastasierendem Melanom, der mich mit massivsten Schmerzen unter Tränen anflehte, ihm noch einen Monat Lebenszeit zu versprechen, da seine Tochter dann 18 Jahre alt werden würde und er dann beruhigter gehen könne. Und ich versuchte nach dem Gespräch voller Verzweiflung in meinem abendlichen Kunstkurs seine Schmerzen mit Farben in einem Bild festzuhalten, der klägliche Versuch eines Ventils.

Antonius, ein 56-jähriger stolzer, großer und kräftiger Herero mit Enddarm-Krebs, der sich bis zuletzt gegen eine so notwendig gewesene Operation entschied, die ihm in dem Frühstadium, in dem er zu mir kam, wahrscheinlich sein Leben gerettet hätte. Ich verbrachte Stunden mit Erklärungen, woraufhin er mir immer nur erwiderte, Gott hätte ihn mit diesem wundervollen, kraftvollen Körper beschenkt und er hätte nicht vor, davon jetzt etwas wegschneiden zu lassen. Seine ihn immer begleitende Frau verstand und schwankte zwischen dem Verstehen beider Seiten. Unser Trost letztlich war, dass er trotz eines massiven lokalen Tumors bis zuletzt wenig Schmerzen hatte.

Abraham, ein 12-jähriger Oshivambo-Junge, der über 4 Jahre wegen einer Leukämie manchmal mehrere Monate am Stück in unserer Klinik verbrachte. Er war quasi ein Teil des Teams geworden. Wir verabreichten die intravenösen Chemotherapien in unserer Klinik über einen peripheren Venenzugang. Äußerst selten hatten wir Patienten mit einem zentralvenösen Port, ein in das Unterhautfettgewebe implantiertes Kathetersystem, das mit speziellen Nadeln einen dauerhaften Zugang durch die Haut bietet. Die Anlage sollte nur durch sehr erfahrene Chirurgen geschehen. Es war ein hohes Risiko für lebensgefährliche Infektionen, wenn die sterilen Bedingungen nicht eingehalten werden konnten. Somit zumindest zu diesem Zeitpunkt für unsere Umstände nicht praktikabel. Unnötig zu erwähnen, dass man bei einem sehr komplexen Infusionsprogramm, wie es bei Leukämie eben nötig ist, nach einer gewissen Zeit nur noch äußerst schwer Venen zur Punktion findet. Man ist schweißgebadet, voller Mitgefühl für den Patienten, hat aber keine andere Wahl. Unsere Schwestern waren die reinsten Punktionsprofis, aber selbst für sie wurde es aussichtslos. Abraham war trotz der Erkrankung gesegnet mit einem sonnigen Gemüt. Ich sehe ihn an unserer runden Ambulanztheke sitzen, ein schlanker, für sein Alter sehr kleiner Kinderkörper, sein Gesicht durch die chronische

Cortisongabe etwas rundlich geworden; wie er dann beherzt der verzweifelten Krankenschwester die Nadel aus der Hand nimmt und an seinem Fuß ohne Zögern einen Zugang findet. Dann das schelmische Lachen in Siegerpose mit den Worten, wo denn da das Problem sei! Jetzt, nach so vielen Jahren und so vielen ärztlichen Begleitungen ähnlicher Verläufe, teils mit unfassbar grausamen Krankheitsbildern, ist mir klar, dass auch dies Teil des Lebens ist, dass Menschen unvorstellbar belastbar sind. Und dass mir nichts anderes übrig blieb, als das genau so anzunehmen. Nichts anderes übrig blieb und bleibt als diese Menschen in ihrem Leid anzunehmen, sie nach bestem ärztlichem Wissen palliativ einzustellen, zu begleiten, mit ihnen zu beten, mit ihnen zu weinen. Und ihnen Hochschätzung für das würdevolle Hantieren ihres Leidens zu schenken.

15. Ich hatte eine Farm in Afrika

Das Leben auf einer Farm ist nie langweilig. An jedem Tag finden sich Probleme, witzige Begebenheiten, kleine Wunder und allem ist gemein, dass man meist diesem Geschehen eigenständig, autoaktiv begegnen muss. Da es meist Dinge sind, die so bisher nicht da gewesen sind und bedingt durch die dünne Besiedelung auch nicht so viele Menschen da sind, die man um Rat fragen könnte.

Der erste Regen auf der Farm führt eine Farbexplosion nach sich. Auf einmal leuchtendes Grün, wohin man immer auch blickt. Und zitronengelbe kleine Schmetterlinge. In den ersten Jahren hatten wir noch ein Farmtelefonsystem, dessen poetischer Name Magnolia eher irreführend war. Farmen in einer Nachbarschaftslinie (Hausabstände von durchschnittlich 15 km) lagen alle mit ihrem Anschluss auf einer Telefonleitung. Jede Familie hatte einen ihr eigenen Klingelton. So kam es vor, dass an lebhaften Tagen ständig das Telefon klingelte, man aber erst losrennen musste, wenn der eigene Ton erklang. Bei uns war er einmal lang, gefolgt von zweimal kurz. Hatte man einen erfolgreichen Sprint aus dem Hof ins Haus zurückgelegt und die freundliche „Operator"-Vermittlungsdame am Telefon noch erwischt, wurde man verbunden. Wenn man selbst jemanden anrufen wollte, ging auch dies nur mithilfe der Vermittlungsdame. Falls die Linie schon belegt war, blinkte ein Licht am Telefon. Bisweilen fanden die Nachbarfarmer das Leben auf der Farm doch etwas langatmig und hoben dann trotz des emsig blinkenden Lichts ihren Hörer ab, um mal so zu hören, was die Nachbarn zu erzählen hatten. Das blieb unbemerkt bis der Zuhörer wieder auflegte, dann nämlich gab einem ein Klick-Geräusch zu verstehen, dass man das vermeintlich private Gespräch geteilt hatte. Eines Morgens hörte ich unsere Telefonklingel, unser zum Norden angrenzender Farmer hatte bei seiner Zauninspektion auf unserer Seite einen verletzten Strauß entdeckt und wollte mir Bescheid geben. Als wir an den Zaun kamen, hing darin verfangen ein verletztes Straußenweibchen. Sie war recht ruhig, vielleicht auch zu erschöpft vom Kampf aus der unbeabsichtigten Falle zu entkommen. Sie war am Bein verletzt. Ich hatte mal im Fernsehen gesehen, dass Strauße, wenn man ihnen die Augen bedeckt, ganz teilnahmslos werden. So als ob die Dinge um sie herum nicht passieren, wenn man sie nicht sehen kann. Ich zog meine Mütze vom Kopf und stülpte sie ihr über. Daraufhin konnten wir sie mit vereinten Kräften auf die Ladefläche unseres Farmbuggys legen. Ich saß auf der Fahrt zum Farmhaus neben ihr. Den Anblick ihrer Beine, ihrer Krallen und vor allem der ledrigen Haut ihrer Schenkel werde ich nie vergessen. Es war ein so besonderer Moment, als ob ich mal kurz eine Zeitreise in die Epoche der Saurier gemacht hätte. Trotz medizinischer Hilfe konnten wir sie leider nicht retten. Solche Momente der Endlichkeit geschahen häufig auf der Farm. Ich hatte mir einen kleinen Revolver zugelegt. Man konnte anstatt Kugeln mit Schrot gefüllte Munition laden. Bei entsprechend größerem Streuradius erhoffte ich mir im Notfall eine Schlange besser treffen zu können, da wir im Farmhaus immer mal wieder von Puffottern und schwarzen Mambas Besuch bekamen. Dazu kam es nie, allerdings musste ich einige Male schwer verletzte Tiere am Straßenrand von ihrem Leiden erlösen. Kudus, die nach einer Kollision mit einem Auto die Hinterläufe mehrfach gebrochen hatten, ein Kudubaby, das verletzt nicht mit seiner Herde mitziehen konnte und an dessen Ohren Schakale schon anfingen zu fressen. Die Natur ist brutal, ohne Absicht, ohne Emotionen und Intrigen. Erich war auf einer Farm aufgewachsen und hatte die meiste Zeit seines Lebens in der Natur Namibias verbracht, er war ein guter Lehrmeister, um solche Situationen bodenständig zu bedenken und dann im besten eigenen Ermessen zu handeln. Ich bin dankbar für alles, was ich in meiner Zeit auf der Farm und auf den vielen Reisen von ihm über das Land Namibia lernen durfte.

16. Würde

„Die Würde des Menschen ist antastbar"
Buchtitel von Ferdinand von Schirach

Würde, die
Substantiv, feminin
a) Achtung gebietender Wert, der einem Menschen innewohnt, und die ihm deswegen zukommende Bedeutung
b) Bewusstsein des eigenen Wertes (und dadurch bestimmte Haltung)
c) hohe Achtung gebietende Erhabenheit einer Sache, besonders einer Institution

Synonyme zu Würde
Grundrecht, Menschenrecht, Autorität, Ehre, Selbstachtung, Selbstbewusstein, Dignität, Andacht, Weihe, Stellung, Anmut, Stolz, Anstand, Respekt, Ehre, Freiheit[10]

Wenn möglich, verbringe ich in dem schon erwähnten Kloster in regelmäßigen Abständen eine für mich unglaublich wertvolle Kontemplationswoche. Ich teile

---

10 QuelleDuden.de/rechtschreibung/Wuerde/Synonyme 12.10.2022

mit den Brüdern die geregelten Gebetsstunden und habe Zeit mit mir, kann Gedanken klären und mit Dankbarkeit neue Impulse begrüßen. Ich habe mit dem Prior des Klosters, der über die Jahre zu einem guten Freund geworden ist, in vielen Gesprächen eine geistliche Begleitung gefunden. Mein Wunsch, mein Er-Leben aufzuschreiben, meine Erlebnisse zu bewahren, wurde überlagert durch die Unsicherheit, es zu dürfen. In einem Gespräch mit Pater Johannes zeigte er mir auf, dass mein Schreiben über das Leid eine Art Zeugnis ablegen ist und somit eine spirituelle Handlung. In seinem Verständnis ist Spiritualität eine Beziehung zu etwas. Die Beziehung zu Gott, zu den Mitmenschen, zur Welt und vor allem zu sich selbst. Das Kloster ist ein Benediktinerkloster. So gilt, wie bei allen anderen Benediktinermönchen, die vom heiligen Benedikt aufgestellte „Regula Benedicti" (siehe Buchempfehlungen). Die Ordensregeln sind klar strukturiert, fordern Disziplin und schenken den Benediktinern einen geregelten Alltag. Hauptinhalt sind die Gebetsstunden, die sich mit Zeiten der Ruhe, der Bewegung, der Nahrungsaufnahme, der Begegnung mit Brüdern und Gästen in einer gut balancierten Routine abwechseln. So begrüßt man den Tagesbeginn mit einer Morgenhore, sie besteht aus einem Vigil-Teil, die Gedanken kreisen um Nacht und Licht, die Psalmen enthalten Heilsgeschichtliches in einer Lesung. Mit den folgenden Laudes bricht der Tag an, Christus wird als die aufgehende Sonne mit Lobgesängen begrüßt. Die Mittagshore kündigt die zweite Hälfte des Arbeitstages an. Die Abendhore kündigt die Nacht an und zum Zeichen, dass Gott unsere Nacht erhellt, brennen Kerzen auf dem Altar. Die Nachthore beschließt den klösterlichen Tag. Es ist die alte Komplet, der Tag ist vollendet und abgeschlossen. Die Gedanken kreisen um den Segen für die Nacht, aber auch um eine gute Sterbestunde.

Nachthore am Freitag

HERR, bei Dir bin ich geborgen,
laß mich nicht zugrundegehen!
Mache mich frei in Deiner Treue,
neige Dein Ohr zu mir und eile mich zu retten
In Deine Hände befehle ich mein Leben,
Erlöse mich Du Gott der Treue.
Ich freu mich Deiner Güte und bin fröhlich,
Denn angesehen hast Du meine Not,
Dich angenommen meines Elends.
Erbarme Dich meiner, o Herr, mir ist so bange,
Der Jammer bricht mir die Seele.
Vor Drangsal schwand mir die Kraft,
Und meine Beine zerfallen.
Vergessen bin ich wie ein Toter,
wie ein zerbrochenes Gefäß bin ich geworden.
Psalm 31[11]

---

11 Quelle: Deutsches Antiphonale Abtei Münsterschwarzach Psalm 31 4. Auflage Vier Türme Verlag 1975

Ich bin kein Philosoph. Aber je länger ich Arzt bin, desto prominenter wird das Thema der Würde für mich. Ich bin vor 5 Jahren nach Europa, nach Deutschland zurückgekehrt. Es gibt üppig grüne, wohlriechende Wälder hier. Es gibt Flüsse hier, die permanent Wasser führen. Es gibt die Freiheit hier, als Frau alleine spazieren zu gehen. Es gibt eine stabile Demokratie hier. Die Freiheit, meine Meinung zu sagen. Und es gibt gesetzliche Krankenkassen hier, die die Krebstherapien in Form von Chemotherapie, Radiatio (Bestrahlung), Immuntherapie und biologische (targeting treatments) Therapien komplett abdecken. Zentren, die hochspezialisiert sich der Krebsheilkunde widmen. In Namibia übernahm die Regierung den Großteil der Behandlungskosten, das heißt, es waren Staatspatienten, die nicht die finanziellen Mittel hatten, eine private Krankenversicherung zu bezahlen. Sowie all die Menschen, die in irgendeiner Form beim Staat angestellt waren und deren Familien. Die onkologischen Pharmazeutika hatten bei Weitem den größten Anteil an den Medikamentenausgaben. Und doch kam ich mit meinen Patienten an den Punkt, an dem ich mit ihnen die Kosten der Behandlung besprechen musste. Sei es in Form von Zuzahlungen bei bestimmten Medikamenten, sei es in Form von Zusatzkosten wie Reisekosten bei nur in Südafrika möglichen Bestrahlungstherapien. Oder eben auch mit einem Großteil der Farmer, die wegen ihrem Vermögen nicht Staatspatienten sein konnten und wie viele nie in eine private Krankenversicherung eingetreten waren. Mit denen besprach ich die Kosten der Therapien. Was, wenn das Haus oder die Farm verkauft werden müsste, um alles zu decken, würde sich der Einsatz lohnen? Mit der Gefahr, dass, wenn er es nicht schaffen würde, dann er mitsamt den Sicherheiten weg wäre, die Frau und die Kinder kein Zuhause mehr hätten. Es waren komplizierte Gespräche mit Abwägen unter Einbeziehung des Krebsstadiums und in Anlehnung an Prognosen, die sich an Statistiken orientierten. Ich habe Statistiken in Aufklärungsgesprächen im Rahmen der Erstdiagnose bei der üblichen Frage „Wie lange habe ich noch?" nie angesprochen. Sicher muss man Statistiken kennen in der evidenzbasierten Medizin, aber ich habe so viele Verläufe gesehen, die keiner Statistik entsprachen. Zumal kein einziger Arzt wissen kann, wo auf der statistischen Kurve der Patient sich befinden wird. Und da der Mensch ein Gesamtkunstwerk von Körper, Geist und Seele ist, muss diese Dreieinigkeit bedient werden. Die Hoffnung, der Wille zu leben, das muss in Aufklärungsgesprächen unterstützt werden. Es müssen sämtliche Optionen aufgezeigt werden, es muss die Geduld motiviert werden, erst mal den Verlauf abzuwarten. Was hat eine Therapie für einen Sinn, wenn ich im Vorgespräch sage, die 5-Jahres-Überlebensrate liegt bei 5 %? Dem Gegenüber, dem Patienten in Würde begegnen. Mit Ehrlichkeit und Klarheit. Zusammen mit dem Patienten den Moment erkennen, wenn es an der Zeit ist, das Sterben anzunehmen und es als Teil des natürlichen Lebenszyklus zu begrüßen. Das Leiden nicht herauszögern. Loslassen. Man stirbt nicht würdevoller, wenn man reich ist, das würdevolle Sterben hat nichts mit Geld zu tun. Ich habe Patienten in ärmsten Verhältnissen terminal begleitet, die liebevollst von ihren Familien betreut wurden, sie waren zu keiner Tages- und Nachtzeit allein, oft gab es nur ein Bett, das die Familie sich teilte, über das ich dann in akrobatischen Manövern die Infusionsbeutel hängte. Es wurde das Familienleben weitergelebt, der Sterbende blieb einfach Teil des Ganzen. Ich arbeite seit 5 Jahren wieder in Deutschland als Arzt nicht mehr in der Onkologie, sondern als Fachärztin für Allgemeinmedizin, als Hausärztin. Die Alten und Kranken sind oft alleine. Die Tochter, der Schwiegersohn, Sohn, Schwiegertochter sind berufstätig. Die wenigsten Patienten wollen in ein Pflegeheim oder im Falle terminaler Krankheiten in einem Hospiz sterben (Buchempfehlung: Professor Borasio „Über das Sterben Seite 30 und 37, 90 % der Befragten wünschen sich zu Hause zu sterben)). Wer pflegt die Menschen dann? Von Pflegeorganisationen rekrutierte Frauen aus meist osteuropäischen Ländern mit teils guten, teils nur aus wenigen Wörtern bestehenden Deutschkenntnissen. Diese Frauen geben ihr Bestes. Aber wenn man krank ist, wenn man dabei ist, loszulassen, zu gehen, möchte man bei seinen Liebsten sein. Und diese, unsere „Alten" sind uns vorgefahren, haben Krieg und Leid erlebt, haben hungern müssen, haben Hoffnung getragen und Deutschland aufgebaut.

Sie haben eine würdevolle Betreuung im letzten Abschnitt ihres Lebens, ihres Sterbens verdient. Alles hat seine Zeit, das Kommen und Gehen, das Leben und Sterben. Ich wünsche mir, dass wir den Mut aufbringen, in diesen Momenten mit den kranken Angehörigen und Freunden mit Klarheit und Offenheit zu reden. Den Kranken zuzuhören, um gemeinsam offen und ehrlich den weiteren Weg gemeinsam zu gehen. Und mit der Kraft des Loslassens.

17. Wunder

Meine Mutter war der erste Mensch, dessen Sterben ich beiwohnte. Es folgten noch so viele. Und immer fühlte ich die Verbundenheit, eine Art Band in eine andere Welt, in einen anderen Zustand hinüber. Nach langem Kampf lag unsere Mutter friedlich und vom Leid erlöst in ihrem Bett. Nachdem wir uns die nötige Zeit genommen hatten, uns zu verabschieden, zu weinen und zu beten, konnten wir loslassen. Ihre Lieblingskette, die sie bis zum Schluss getragen hatte, nahm ich ihr ab. Es war eine zarte Goldkette, ein Goldquader, in den drei kleine Brillanten eingelassen waren. Für mich symbolisierten diese drei Steine die Dreieinigkeit von Körper, Geist und Seele, die Dreieinigkeit von Vater, Sohn und Heiligem Geist. Ich trug diese Kette all die Jahre. Auch als wir in unsere neue Heimat Namibia umzogen. Ich hatte ein kleines Haus in Windhoek angemietet und alle Hände voll zu tun mit dem Umzug, der Organisation der Schuldinge für Fabian, Schuluniform, neue Bücher, alles war neu und ungewohnt. Erich war auf die Farm gefahren. Während des allabendlichen Telefonats mit meiner Schwester in Deutschland hörte ich Geräusche aus dem oberen Stockwerk. Fabian schlief schon in seinem Zimmer. Dort war alles in Ordnung, wie auch im Rest des Hauses. Unter dem Vorwand, auf Toilette zu müssen, hatte ich das Telefonat beendet und war auf die Suche nach der Ursache des Geräusches gegangen. Als ich dann zu Bett ging, war mein Nachthemd nicht zu finden, in der Annahme, Erich hätte es aus Versehen mit eingepackt, ging ich schlafen. Am nächsten Morgen musste mich Fabian wecken, ungewöhnlich, da ich eigentlich bedingt durch die ärztlichen Nachtdienste einen leichten Schlaf hatte. Ich hatte den Wecker nicht gehört und war völlig erledigt und hatte Kopfschmerzen. Was ich dann allerdings entdeckte, ließ mich schlagartig wach werden. Das Haus war quasi leergeräumt, sämtliche Elektronik, alle Kleider, alles war weg. Die Kabel waren einfach durchgeschnitten worden, ein großes Messer lag noch im Wohnzimmer auf dem Boden. Nach kurzem Schreck war mit allerdings klar, was für ein großes Glück wir gehabt hatten, dass die oder der Einbrecher nur die Kabel durchgeschnitten hatten. Die erwähnte Kette meiner Mutter nahm ich immer vor dem Schlafengehen ab und legte sie auf den Nachttisch, auch sie war weg. Die Vorstellung der Einbrecher hätte in der Nacht neben meinem Bett gestanden, jagte mir allerdings im Nachhinein noch einen gehörigen Schrecken ein. Später erfuhr ich dann von der Polizei, dass Einbrecher mit einer Art Knock-out-Spray arbeiten, deshalb hatte ich wohl die Kopfschmerzen und zum Glück auch nichts gehört. Ich schaute noch Jahre nach dem Einbruch sämtliche pawn shops (Pfandhäuser) durch in der Hoffnung, die Kette sei vielleicht dort versetzt worden. Ungefähr sieben Jahre später ging ich nach einem Hausbesuch in einem mir unbekannten Stadtteil Windhoeks noch in einen an der Strecke gelegenen

Supermarkt. Ich stand an der Kasse, als ich gedankenverloren die Kassiererin betrachtete. An ihrem Hals hing die Kette meiner Mutter.

Nach einem kurzen Schreckmoment sprach ich sie an und erklärte ihr den Sachverhalt, woraufhin sie mir erzählte, die Kette hätte sie von ihrem Bruder geschenkt bekommen. Ich überlegte kurz, was zu tun sei, und entschied mich dann, ihr einen recht hohen Geldbetrag zu bieten, um ihr die Kette abzukaufen. Voller Glück ging sie auf den Handel ein. Natürlich war mir klar, dass es sich um eine total unwahrscheinliche Begebenheit handelte. Aber es war mehr, viel mehr für mich. Ich war zum Zeitpunkt des Wiederfindens der Kette in einer sehr schwierigen Lebenssituation. Es standen allerhand große Entscheidungen an. Und da kam dieses Zeichen meiner Mutter zu mir. Dass sie immer bei mir ist, dass es Wunder gibt und ich an sie glauben soll.

18. Leider weiter

Wie schon erwähnt war Erich Reiseleiter. Und zwar ein sehr guter, der voller Liebe für sein Heimatland den Touristen die Augen öffnete für die raue Schönheit Namibias. Für die kleinen Wunder dieser wundervollen Welt, meist verborgen in den kleinsten und unscheinbaren Dingen. In Form von Ochsenfröschen, die in jahrelanger Trockenheit in einer Schleimblase unter der Erde verbringen, um dann mit lautem Muhen in der Regenzeit auftauchen, fressen, was das Zeug hält und sich vermehren. Oder in Form von Büschen, die vollkommen vertrocknet sich eisern mit kleinen kargen Wurzelfüßchen im Wüstensand halten, um dann wie ein stilles Feuerwerk bei den seltenen Niederschlägen in ihre volle Pracht hineinzuexplodieren. In Form von riesigen Flächen gelb blühender Blümchen nach dem ersten Regenfall, die allerdings dann im Spätsommer sich in unzählige, sehr piksige Morgensterndornen (die man zuhauf aus seinen Schuhsohlen fummeln muss und die sich trotzdem hinterhältig den Weg ins Haus erschleichen, damit man dann im Dunkeln mit nackten Füßen hineintritt) verwandeln. Dumm-Dumm-Fliegen (wie die Kinder sie nennen), die sich von ihrem Kopf trennen, wenn man sie an den Füßen hält, indem sie ihren Kopf so lange drehen, bis er abfällt. Klopfkäfer, mit denen man sich durch Fingerklopfzeichen verständigen kann, man sie allerdings damit anlockt, weil sie denken, es sei ein gegengeschlechtliches, paarungswilliges Gegenüber, aber dann enttäuscht nur einen nackten staubigen Menschenfinger vorfinden. In Form von zig Millionen Sternen am Firmament, in dessen Weite und Ausblick in Millionen von Lichtjahren man sich verlieren kann, um dann in einem kurzen Augenblick ein plötzliches Verständnis für alles geschenkt zu bekommen. In Wunderkraftwerken wie Rollkutscher, die im Verhältnis zu ihrem Körper riesige Bollen aus Kuhkacke formen und sie rücklings mit enormer Ausdauer durch die Kalahari rollen, wohin auch immer. Wunder um Wunder, um nur ein paar wenige aufzuzählen. Wenn die Menschen dann voller Ehrfurcht innehielten, kam meist umgehend der für ihn berühmte Spruch: „Leider weiter." Und so war es auch in meinem Leben weitergegangen nach dem Tod meiner Mutter. Rucksackreisen durch die USA, Indien, Thailand, Nepal bis zum Basecamp des Mount Everest, jäh gestoppt von der Höhenkrankheit. Zurück nach Hause, um die Ausbildung zur Industriekauffrau zu beginnen, da mein Abiturschnitt leider nicht für mein Traumstudium Medizin ausreichte. Dann, nach drei Monaten, Gott sei Dank, wurde ich zu einem Auswahlgespräch an eine Universität eingeladen. In diesem Gespräch entdeckte der gesprächsführende Professor wohl das nötige Etwas in mir. Woraufhin ich umgehend alle Zelte abbrach, um mit wehenden Fahnen das ersehnte Studium zu beginnen. Die Vorklinik nahm mir allerdings recht schnell den Wind aus den Segeln, aber hartnäckig schaffte auch ich es zum Staatsexamen. Allerdings ziemlich zeitverzögert, da ich noch im Studium das größte Geschenk meines Lebens empfangen durfte, die Geburt meines Sohnes Fabian. Im Nachhinein sehe ich allerdings einiges als die berühmte Flucht nach vorne an. Ich hatte all die Jahre meiner Kindheit und meiner Adoleszenz so gut funktioniert, so hartnäckig am Weitermachen festgehalten. Immerzu mit der Hoffnung, es könne sich noch alles zum Guten wenden. Ich wollte leben, raus, die Welt erleben, die Liebe schmecken, nur nicht innehalten und das Erlebte anschauen. Meine Schwester blieb im elterlichen Haus wohnen und heiratete ihren Jugendfreund. Ich bin inzwischen zurückgekehrt. Nach zwölf Jahren Afrika bin ich wieder in mein Heimatdorf gezogen. Unter anderem mit der Erkenntnis, dass Heimat überall da ist, wo mein Herz ist. Ich bin meiner Schwester jetzt auch räumlich wieder näher, wir lieben uns sehr und wir haben einander anerkannt, haben unser Anderssein gegenseitig angenommen, haben die Wunden heilen lassen, haben Groll gefühlt und losgelassen. All die Momente in meinem Leben, in denen ich kurz davor war, mich zu verlieren in unglücklicher Liebe, in grenzenloser Arbeit, in Extremsituationen, die ich immer wieder suchte, all diese Momente waren notwendig, um zu mir zu kommen. Notwendig, um in meinem Glauben mehr und mehr Halt zu finden. Notwendig, um hier in meiner alten Heimat eine große, reife, dankbare Liebe zu finden. Ich fühle mich heimgekehrt, angekommen. Und doch noch immer, wie wir alle immer auf dem Weg und auf der Reise. Ich möchte mit diesen Zeilen meinen zeitlich begrenzten Einblick in eine ganz andere Kultur teilen. Ich sehe meine Zeit in Namibia als großes Geschenk an. Und ich möchte in Dankbarkeit über diese Erfahrungen schreiben, da ich hoffe, dadurch, wenn auch nur bescheidene Impulse setzen zu können. Impulse für die Themen der Gesundheit von Körper, Geist und Seele. Und des Sterbens, der Würde, des Glaubens und der Liebe.

Danksagung

Danke.

Gott für mein Leben und meinen Glauben.

Meinen Eltern für mein Hiersein.
Meiner Schwester für das liebevolle Gemeinsame.
Meinem Sohn, dem größten Geschenk meines Lebens.
Pater Johannes und meinen Brüdern und Schwestern im Glauben, Kloster Gut Aich.
Meinen Freunden und meiner Familie für ihren Glauben an mich.
Meinem Mann für seinen Halt und seine Liebe.

Friedensgebet

Allmächtiger, gütiger und barmherziger Gott, mit allen Menschen guten Willens bitten wir um den Frieden in dieser Welt.
Rühre Du die Herzen der Menschen an und gib uns Gedanken des Friedens und der Versöhnung.
Erfülle Du die Menschen mit Ehrfurcht vor dem Leben eines jeden Einzelnen, vor dem Leben aller Völker, Religionen und Nationen und vor dem Geschenk der Schöpfung.
Gib, dass der Wille zum Frieden den Hass überwindet und Rache der Versöhnung weicht. Lass die Menschen erfahren, dass sie alle Deine Kinder sind und Geschwister, denen Du Deine Liebe schenkst.
Und lass uns selbst in dieser Liebe leben.
Gütiger Gott, mach mich und alle Menschen zum Werkzeug Deines Friedens.
Amen.[12]

---

12 Quelle: Autor Pater Johannes Pausch Friedensgebet Kloster Gut Aich

Quellen

Marc Aurel „Selbstbetrachtunge"Buch V Kapitel 16 Seite 63 Anaconda Verlag 2018 Zitat im Vorwort

Bruder David Steindl Rast mündliches Zitat aus Kurs der Klosterheilkunde im Kloster Gut Aich Kapitel 1 Josy

Rainer Maria Rilke „Die Gedichte" Insel Verlag Frankfurt 2006

Seite 165 (Zitat Anfang Kapitel 13 Unverständnis), Seite 486 (Zitat Anfang Kapitel 11 Abschied), Seite 742 (Zitat Anfang Kapitel 7 Vom Verlassenwerden)

Herman Hesse „Narziß und Goldmund" Suhrkamp Verlag 55. Auflage 2021 Seite 44,45 (Zitat Anfang Kapitel 8 Das Fremde vertrauensvoll annehmen)

Duden.de/rechtschreibung/Wuerde/Synonyme 12.10.2022

Buchempfehlungen

Autor David Steindl-Rast:
„Credo" Herder Verlag 2010
  ISBN 978-3-451-07116-4
„Und ich mag mich nicht bewahren" Tyrolia Verlag
  Innsbruck 2012 ISBN 978-3-7022-3184-2
„Einfach leben-dankbar leben" Herder Verlag 2014
  ISBN 978-3-451-00548-0
„Einladung zur Dankbarkeit" Herder Verlag
  ISBN 978-451-00766-8
Autor Johannes Pausch:
„Die Einheit leben" Otto Müller Verlag 1987
  ISBN 3-7013-0730-X
„Kreuzwege Wegkreuze"Otto Müller Verlag 1990
  ISBN 3-7013-0800-4
„Gesundheit aus dem Kloster" mit Gert Böhm
  Anaconda Verlag 2010 ISBN 978-3-86647-510-6
Autor David-Servan-Schreiber
„Die neue Medizin der Emotionen" Goldmann
  Verlag 2006 12. Auflage
„Das Antikrebsbuch" Verlag Antje Kunstmann
  GmbH München 2008
Gerald Hüther „Würde" Pantheon Verlag 2019
  ISBN 978-3-570-55393-0
Ferdinand von Schirach „Die Würde ist antastbar" btb
  Verlag 2017 ISBN 978-3-442-71500-8

Professor Gian Domenico Borasio „Über das Sterben" Deutscher Taschenbuch Verlag 2014 ISBN 978-3-423-34807-2

„Die Regel des heiligen Benedikt" Beuroner Kunst Verlag 4. Auflage 2013 ISBN 978-3-87071-142-9

Thich Nhat Hanh „Versöhnung mit dem inneren Kind" O.W. Barth Verlag 2011 ISBN 978-3-426-29204-4

Rhonda Byrne „The Secret Das Geheimnis" Das Gesetz der Anziehung Wilhelm Goldmann Verlag München 2007 ISBN 978-3-442-33790-3

Die Autorin

Geboren und aufgewachsen ist die Autorin in Deutschland. Ihre Eltern hat Sandra Kiel leider früh verloren, mit ihrer nur wenige Jahre älteren Schwester kann sie damals nicht über das Erlebte sprechen. Ihren Traum, Ärztin zu werden, kann sie trotz eines schwierigen Starts durch ein Studium der Humanmedizin in Homburg Saar und Freiburg verwirklichen. In der Zeit erhält sie das schönste Geschenk ihres Lebens: Sie bringt ihren kleinen Sohn auf die Welt. Während einer Reise nach Namibia verliebt sie sich in dieses schöne Land. Von 2001 bis 2014 lebt und arbeitet sie in der ehemaligen deutschen Kolonie als Ärztin in der Krebsheilkunde. Nach einem Sabbatjahr kehrt sie 2014 wieder in ihre alte Heimat zurück. Bei einem 3-monatigen Aufenthalt in einem Kloster reift der Wunsch, ihre Erlebnisse aufzuschreiben.

novum VERLAG FÜR NEUAUTOREN

Der Verlag

*Wer aufhört
besser zu werden,
hat aufgehört
gut zu sein!*

Basierend auf diesem Motto ist es dem novum Verlag ein Anliegen, neue Manuskripte aufzuspüren, zu veröffentlichen und deren Autoren langfristig zu fördern. Mittlerweile gilt der 1997 gegründete und mehrfach prämierte Verlag als Spezialist für Neuautoren in Deutschland, Österreich und der Schweiz.

Für jedes neue Manuskript wird innerhalb weniger Wochen eine kostenfreie, unverbindliche Lektorats-Prüfung erstellt.

Weitere Informationen zum Verlag und
seinen Büchern finden Sie im Internet unter:

w w w . n o v u m v e r l a g . c o m

Bewerten
Sie dieses **Buch**
auf unserer
Homepage!

www.novumverlag.com